Egon Kapellari

Heilige Zeichen in Liturgie und Alltag

Egon Kapellari

Heilige Zeichen
in Liturgie und Alltag

Verlag Styria

Die Deutsche Bibliothek – CIP-Einheitsaufnahme

Kapellari, Egon:

Heilige Zeichen in Liturgie und Alltag / Egon Kapellari . –
Völlig überarb. Neuaufl. – Graz ; Wien ; Köln : Verl. Styria, 1997
ISBN 3-222-12540-6

4. Auflage 2001

© 1997 Verlag Styria Graz Wien Köln

Printed in Austria

Umschlaggestaltung: Wilfried Kuß, Klagenfurt

Umschlagbild: Croce di Gioulfo, Museo Archeologico Nazionale di Cividale del Friuli.
Foto: Ferazzutti Ernesta, Cividale del Friuli. Mit freundlicher Genehmigung der
Soprintendenza per i Beni Ambientali, Architettonici, Archeologici,
Artistici e Storici del Friuli–Venezia Giulia, Trieste

Wir danken dem Verlag Arche, Zürich, für das erteilte Abdruckrecht
(Werner Bergengruen, Die heile Welt, 1952).

Satz, Druck und Bindung: Carinthian Bogendruck GesmbH, Klagenfurt

ISBN 3-222-12540-6

INHALT

Vorwort

Die Symbole, von welchen in diesem Buch die Rede ist, sind Elemente des kirchlichen Gottesdienstes und haben dort ihren unverwechselbaren Platz. Einige dieser Zeichen prägen auch das Leben außerhalb des Kirchenraumes, geben ihm mehr Würde und Sinn. Der Journalist Peter Seewald, Gesprächspartner von Kardinal Joseph Ratzinger für das viel beachtete Interviewbuch „Salz der Erde", hat 1997 über seine Erfahrungen mit diesen heiligen Zeichen bekennend gesagt: „Ich hatte das Glück, eine katholische Kindheit auf dem Lande erlebt zu haben mit der Selbstverständlichkeit der Riten, der Bräuche, des Glaubens. Das ist ein unglaublich wichtiges Fundament für das ganze Leben".

Die hier vorgelegten Texte sind entstanden aus der Sorge eines Bischofs über das Verblassen und Vergessen vieler Symbole, die das Leben und den Glauben tragen und inspirieren können. Bei Pastoralbesuchen in Pfarren und im Religionsunterricht zahlreicher Schulen wird deutlich, daß die Weitergabe dieses kulturellen und religiösen Schatzes längst aufgehört hat, selbstverständlich zu sein, und daß der so entstehende Verlust meist gar nicht als solcher erkannt wird. Dies gefährdet besonders auch die Liturgie.

Als Romano Guardini, der große Theologe und geistliche Meister, im Jahr 1927 sein Büchlein „Von heiligen Zeichen" veröffentlichte, hatte er bereits zehn Jahre lang über solche Zeichen nachgedacht und geschrieben: über das Kreuzzeichen, über Gebärden, heilige Räume und geheiligte Zeiten, über Brot und Wein, Licht und Glut und über den Segen. Seine Texte haben viel zur Erneuerung der Liturgie beigetragen und werden noch heute viel gelesen. In ihrem Horizont stehen auch diese 70 Jahre später unter einem ähnlichen Titel formulierten Betrachtungen.

Fast alle von Guardini besprochenen Themen werden auch hier behandelt, allerdings ohne Rückgriff auf seine Darlegungen. Das Buch „Heilige Zeichen in Liturgie und Alltag" ist nicht bloß eine Neuauflage des vom Autor 1986 herausgegebenen Büchleins „Heilige Zeichen", das in mehreren Auflagen verbreitet und in vier Sprachen übersetzt wurde, sondern insofern ein neues Buch, als die Texte von 1986 weitgehend verändert und die Zahl der behandelten Themen beinahe verdoppelt wurden. Jedem Kapitel sind nun ein oder mehrere kurze Texte aus der Bibel, aus Schriften der Kirchenväter oder aus anderen Quellen hinzugefügt worden, die auf das jeweils besprochene Symbol Bezug nehmen, sowie 16 Bildtafeln zur Vertiefung der Texte. Für große Hilfe beim Werden dieses Buches ist insbesondere der Lektorin, Frau Dr. Ingeborg Zengerer, zu danken. Dank gilt auch dem Fotografen der Mehrzahl der Bilder, Herrn Ferdinand Neumüller, und Herrn Mag. Wilfried Kuß für seinen Beitrag zur graphischen Gestaltung.

Der Anspruch dieser Publikation ist ein bescheidener. Sie ist nicht als ein Beitrag zur Liturgiewissenschaft und nicht als Ergänzung zu liturgischen Wörterbüchern und Lexika christlicher Symbole zu verstehen, sondern lediglich als ein spiritueller und pastoraler Impuls zur Läuterung der Liturgie von manchen Banalitäten und zur Stärkung des Christseins im Alltag entsprechend den wahren Intentionen des II. Vatikanischen Konzils. Dies wird allerdings nur dann gelingen, wenn das Wissen um Symbole auch zum Handeln in Symbolen führt. Dazu bedürfte es freilich einer geduldigen Einübung.

✠ Egon Kapellari
Diözesanbischof von Gurk-Klagenfurt
Referent für Liturgie und Kultur in
der Österreichischen Bischofskonferenz

Ostern 1997

HEILIGE ZEICHEN

Das Heilige

W a s ist heilig? Die Bibel antwortet zunächst nicht auf diese Frage, etwa durch Hinweise auf heilige Zeichen, von welchen in diesem Buch freilich unzählige Male die Rede ist, mag es sich um heilige Orte, Bilder, Riten oder anderes handeln, das mit besonderer Intensität auf Gott verweist und als von Gottes Kraft besonders erfüllt geglaubt und erlebt wird.

Die Bibel will vor allem auf die Frage „W e r ist heilig?" Antwort geben, und sie sagt lapidar, daß Gott der Heilige ist. „Ich bin der Heilige in deiner Mitte" (Hos 11,9), läßt Gott seinem Bundesvolk durch den Propheten Hosea verkünden. Ganz durchdrungen von der Heiligkeit Gottes ist nur Jesus Christus. „Du bist der Heilige Gottes", bekennt Petrus in einer Stunde der Krise (Joh 6,69).

In der Zeit vor Jesus wird die Heiligkeit Gottes auf doppelte Weise erfahren. Sie ist einerseits ein Fascinosum, beseligende Erfahrung der Nähe Gottes in Natur und Geschichte. Andererseits ist Gott eine erschreckende Herrlichkeit eigen, die Distanz schafft. „Weh mir, ich bin verloren; denn ein Mann mit unreinen Lippen bin ich und wohne unter einem Volk mit unreinen Lippen, und meine Augen haben den König, den Herrn der Heerscharen, gesehen", ruft der Prophet Jesaia, nachdem ihm im Tempel von Jerusalem eine Vision göttlicher Herrlichkeit zuteil geworden ist (Jes 6,5).

In das Allerheiligste, die Herzkammer des Tempels von Jerusalem, durfte niemand außer dem Hohenpriester eintreten, und auch diesem war es nur einmal im Jahr am großen Versöhnungstag erlaubt. Als aber Jesus sein Leben am Kreuz aushauchte, da riß im Tempel der Vorhang, welcher das Heiligtum vom Allerheiligsten trennte, von oben bis unten entzwei, wie das Matthäusevangelium bezeugt (Mt 27,51). Jesus Christus, Gottessohn und Menschensohn, hat die Trennwand zwischen Gott und seiner Schöpfung niedergerissen. Im Mysterium seiner Menschwerdung kommt er aus der unergründlichen Tiefe des göttlichen Geheimnisses in die Welt, und im Mysterium seiner Auferstehung kehrt er in diesen Ursprung zurück. Weg und Tür dorthin sind so für alle offen, die zu ihm gehören.

Jesus Christus allein ist der ganz Heilige. Die Kirche nennt Menschen heilig, wenn sie vom Licht Christi radikal durchdrungen sind. Dies geschieht oft erst nach einem schmerzhaften Prozeß, weil dieses Licht einem Feuer gleicht, das Schlacke von Gold trennt. Die Kirche nennt auch Dinge heilig, wenn sie auf besondere Weise für Gott und für den Gottes-dienst bestimmt sind und daher besonders auf Gott hinweisen. Es gibt unzählige solcher heiligen Zeichen. Sie halten die Welt auf Gott hin offen. Im Widerstand gegen Banalität eröffnen sie Transzendenz.

———

Auf der Wanderung über die Erde kannst du Städte antreffen ohne Mauern, ohne Wissenschaft, ohne Herrscher, ohne Paläste, ohne Schätze, ohne Goldmünzen, ohne Gymnasien und ohne Theater, aber eine Stadt ohne Göttertempel, ohne Gebet, Eidschwur und Weissagung, eine solche Stadt hat noch kein Sterblicher gesehen und wird sie niemals sehen.
(Plutarch von Chäronea, Moralia)

Gott heiligt uns nicht ohne uns.
(Thomas von Aquin)

Da sie traurig war, keine Heilige zu sein, empfahl man ihr Psycho-analyse.
(Ernesto Cardenal, Gebet für Marilyn Monroe)

SCHWELLE UND TÜR
Eine alte Tür und eine ebenso alte Schwelle an der kleinen Land-
kirche in Tauchendorf bei St. Veit in Kärnten laden zum Gedenken an die vielen Menschen ein, die im Lauf von Jahrhunderten
über diese Schwelle gegangen sind.

(Foto: Ferdinand Neumüller, Klagenfurt)

Die Zeichen

Zeichen sind Worte und Bilder, Gebärden und anderes sinnlich Wahrnehmbare, das einen Hinweis, eine Botschaft zum Ausdruck bringt. Es gibt ausdrucksschwache Zeichen, die nur auf einer Konvention beruhen und auch ganz anders gestaltet sein könnten, wie zum Beispiel manche Wegweiser. Sie zeigen auf etwas hin, das nicht notwendig mit ihnen verbunden ist. Starke Zeichen aber bringen das Wesen, die Tiefe, das Sein des Bezeichneten zum Ausdruck. Das Gesicht eines Menschen ist ein solches starkes Zeichen. Es sagt etwas über den Charakter und die Seelentiefe dieses Menschen, wenn er sich nicht verstellt.

Zeichen nennt man auch Symbole. Das Wort Symbol leitet sich her vom griechischen „symballo". Es bedeutet ein Zusammenfügen zweier getrennter Teile eines Ganzen. Ursprünglich bezeichnete man damit die auseinandergebrochenen Teile eines Ringes, Stabes oder ähnlicher Dinge. Sie dienten als Erkennungs- und Beglaubigungszeichen, wenn beispielsweise ein Bote einen solchen Teil einem Adressaten vorweisen konnte, der den anderen Teil in Händen hielt.

Symbole sind Wegweiser in die Tiefe, in das Herz der Dinge. Jedes Ding, das sich unverstellt zeigt, ist ein Realsymbol, ist Ausdruck seiner eigenen Tiefe, seines Seins. Das gilt auch für den Menschen. Die heute oft gehörte Behauptung, etwas sei nur symbolisch, ist unzutreffend, wenn Zeichen und Bezeichnetes innerlich zusammenhängen. Das Wörtchen „nur" hat erst dann sein Recht, wenn lediglich von einem willkürlich gesetzten Zeichen, einem bloßen Konventionssymbol, die Rede ist.

Mit den Augen des christlichen Glaubens betrachtet, ist die ganze Weltwirklichkeit ein Symbol, das auf Gott verweist, dem sich die Welt in ihrem Werden und Bestehen verdankt. Und Jesus Christus ist im radikalsten Sinn dieses Wortes das Symbol des göttlichen Vaters. „Wer mich gesehen hat, hat den Vater gesehen", sagt er selbst im Johannesevangelium (Joh 14,9).

Symbole enthüllen Wirklichkeit, eröffnen ein Geheimnis. Zugleich verhüllen sie aber Tiefenschichten der Wirklichkeit und belassen diese in der Dimension des Geheimnisses. Sie erinnern daran, daß die Welt über alle Maßstäbe der menschlichen Vernunft hinaus ein Geheimnis ist und bleibt. Wenn uns der Glaube verheißt, daß wir dereinst Gott schauen werden, dann ist damit wohl nur gemeint, daß wir ihn dann endgültig als Geheimnis, als „unaustrinkbares Licht" erfahren und darin unsere Seligkeit haben werden.

———

Ein Zeichen sind wir deutungslos.
Schmerzlos sind wir
und haben fast die Sprache in der Fremde
verloren.

(Friedrich Hölderlin, Mnemosyne)

Symbolschaffend und symbolschauend steht der Mensch in der Liturgie. Er betet und tut mit Leib und Seele in einem. Mit dem beseelten Körper; mit der im Körper sich ausdrückenden Seele. Schon im Wort geschieht das. Darin vollzieht sich die erste Verleiblichung der Innerlichkeit: der Mensch spricht und hört. Es geschieht in jeder Gebärde und Handlung; die Handlung ist entwickelte Verleiblichung der Innerlichkeit; der Mensch drückt aus und versteht.

(Romano Guardini, Liturgie und liturgische Bildung)

Heiligkeit und Schönheit

„Gott ist schön und liebt die Schönheit", hat der Begründer des Islam gesagt. „Von Sion geht aus der schöne Glanz Gottes", sagt aus gleicher Einsicht einer der biblischen Psalmen (Ps 50,2). Was ist schön, was macht schön? Die beiden hier genannten Quellen religiöser Weisheit übersteigen diese Frage nach dem Was. Sie sagen, wer schön ist, und verweisen dabei auf Gott. In Gott ist die Fülle des Seins. Einheit, Wahrheit, Liebe und Schönheit sind in dieser Fülle ohne Gegensatz vereint.

Im Wesen und im Wirken der Menschen aber gerät das in Gott Geeinte immer wieder in Gegensatz zueinander. Das Schöne ist oft nicht gut und das Gute nicht schön. Schönheit von Kunst entstand und entsteht auch unter menschenverachtenden Begleitumständen. Und überzeugende menschliche Güte kommt nicht selten ohne das Kunstschöne aus oder begnügt sich mit Kitsch als Kunstsurrogat.

Von Dostojewskij stammt das seltsame Wort „Das Schöne wird die Welt retten". Der Schriftsteller Alexander Solschenizyn hat es in seiner Rede zum Empfang des Nobelpreises für Literatur zitiert. Dostojewskij hat damit nicht eine vom Guten, von der Liebe abgelöste autonome Schönheit gemeint, sondern die Schönheit des Heiligen, des heiligen Menschen. „Du bist der Schönste unter den Menschen", sagt der Sänger des 45. biblischen Psalms (Ps 45,3) zu einem König Israels. Die Kirche hat dieses Wort bald auf Jesus bezogen, der als gemarterter Gekreuzigter ohne „Schönheit und Gestalt" (Jes 53,2) war und doch als gedemütigter Gefangener vor dem heidnischen Richter eine von innen strahlende Würde zeigte. Der heiligste, weil liebendste Mensch erweist sich für einen in die Tiefe dringenden Blick auch als der schönste, weil edelste. Es ist der Gott-Mensch Jesus Christus. Im Gegensatz zum gequälten, entstellten Jesus auf dem Kreuzweg und am Kreuz erscheint der auferstandene, zu Gott dem Vater erhöhte Gottessohn in der Heiligen Schrift in schöner Gestalt. Schönheit und Liebe, die im Laufe der Menschheits- und auch der Kirchengeschichte so oft auseinanderfallen, sind hier wieder und für immer vereint. Das letzte Buch des Neuen Testaments, die Geheime Offenbarung des Johannes, beschreibt den Raum dieser Einheit von Gutem und Schönem als Stadt von vollendeter Schönheit und Heiligkeit. Sie ist durchlichtet von der Herrlichkeit Gottes, und Böses findet dort keinen Einlaß (Offb 21,23.27).

Heilige Zeichen in Liturgie und Alltag enthüllen sich spätestens einem zweiten Blick, einem Blick mit Tiefenschärfe, als schön. Sie haben mindestens spurenhaft etwas von dem Glanz an sich, der vom verklärten Christus ausgeht.

———

Könnte man eine Seele im Zustand der Gnade erblicken, so würde man sie so schön finden, daß man sie, wäre es möglich, für den Schöpfer selbst hielte.

(Teresa von Avila)

. . . laßt uns den Weg zur Höhe gehn, wo die Chöre der Engel in lauten Gesängen die ungeteilte Dreifaltigkeit preisen, damit wir die unbeschreibliche Schönheit des Herrn schauen. Dort, Sohn Gottes, Spender des Lebens, würdige uns, die auf dich vertraut haben, im Reigen zu tanzen . . .

(Aus der Liturgie der Ostkirche)

Die Sorge um die Schönheit von Gottes Haus und die Sorge um die Armen Gottes ist unteilbar: Nicht nur des Nützlichen, sondern des Schönen, nicht nur des eigenen Hauses, sondern der Nähe Gottes und ihrer Zeichen bedarf der Mensch . . .

(Kardinal Joseph Ratzinger, Das Angesicht Gottes schauen)

Heiliger Raum

„Zieh deine Schuhe aus, denn der Ort, wo du stehst, ist heiliger Boden", hat Gott dem Mose aus einem brennenden, aber nicht verbrennenden Dornbusch am Rande einer Steppe auf dem Berg Horeb zugerufen (Ex 3,5).

Gott ist allgegenwärtig, man kann überall zu ihm beten, und er kann dem Menschen auch inmitten gewöhnlichster Dinge in einer mystischen Erfahrung begegnen. Dennoch gibt es dem Alltagsleben entzogene und geweihte Räume, die auf besondere Weise für den gemeinsamen Gottesdienst, aber auch für das private Gebet bestimmt sind.

Die ersten Christen in Jerusalem waren im dortigen Tempel längst Fremde geworden, als er durch die Römer für immer zerstört wurde. Der eigentliche Tempel ist für den christlichen Glauben die Gemeinde der Getauften, die sich vom Heiligen Geist leiten läßt. „Gottes Tempel ist heilig, und der seid ihr", hat der Apostel Paulus den Korinthern gesagt (1 Kor 3,17).

Trotzdem gibt es auch für das Christentum Kirchenhäuser, die durch feierliche Weihe dem Gottesdienst gewidmet werden. Dies ist kein Rückgang hinter das Neue, das Christus gebracht hat, in das Alte Testament, in die Zeit des Tempels, sondern eine Konsequenz menschlicher Eigenschaften, die der Schöpfungsordnung entsprechen und in der Ordnung der Erlösung durch Christus bestätigt werden. Der Mensch will von Natur aus nicht in einem homogenen Raum leben, wo sich das ganze Leben abspielt. Er sucht den Wechsel zwischen Räumen für die Arbeit und Räumen für die Muße, zwischen Räumen für die Konzentration auf irdische Wirklichkeiten und Räumen, in denen man sich möglichst inständig Gott zuwendet. Solche für die Begegnung mit Gott ausgesparte und kirchlich geweihte Orte sind zuweilen von so großer künstlerischer Qualität, daß sich hier alle Sinne leichter für das Geheimnis Gottes auftun als an vielen anderen Orten.

„Gott ist überall", sagte ein junger Mann, als er wünschte, seine kirchliche Trauung möge auf einem Schiff statt in einer Kirche erfolgen. Der Priester, der sich diesem Wunsch widersetzte, antwortete darauf mit dem ebenso lapidaren wie gut begründeten Einwand: „Aber wir sind nicht überall." Wir fühlen uns nicht überall gleicherweise daheim in unserem Suchen nach Geborgenheit in Gott.

———

Sooft ich aus den lärmenden Straßen Roms kommend die Basilika Santa Maria Maggiore betrete, fühle ich mich an die Einladung des Psalmisten erinnert: „Werdet still und seht" (Ps 46,11). Wenn nicht gerade im Sommer Scharen von Touristen die Kirche durcheilen . . ., geht vom geheimnisvollen Dämmer dieses Raumes eine Einladung zum Stillewerden, zur Sammlung und zum Schauen aus, die das Laute des Alltags wie von selbst gewichtlos werden läßt. Es ist, als ob das Beten der Jahrhunderte anwesend geblieben wäre, um uns nun mit auf den Weg zu nehmen.

(Kardinal Joseph Ratzinger, Die Weihnachtsbotschaft in der Basilika Santa Maria Maggiore)

Die Gläubigen des 13. Jahrhunderts, die in die Kathedrale eintreten, sehen sich unmittelbar in den Himmel versetzt und nehmen, zusammen mit den Bewohnern der himmlischen Kirche, die sich im Gottesdienst mit der irdischen vereinigt und deren Chöre hier erschallen, in unmittelbar sinnlichem Genuß teil an der Seligkeit der Anschauung des Himmlischen, das sie zuallererst in der Form des überirdischen Lichtes und des überirdischen Gesanges berührt. Deshalb wird der Zauber der gotischen Kathedrale durch nichts so sehr zerstört wie durch das Fehlen der farbigen Glasbilder, die dieses Himmelslicht erzeugen, es sei denn, daß die ihm angemessene Musik in ihren Räumen nicht mehr ertönt.

(Hans Sedlmayr, Die Geburt der Kathedrale)

Heiliges Wort

Vor einigen Jahren wurden im Österreichischen Rundfunk auf eindrucksvolle Weise Antworten von – wie man sagte – „einfachen Menschen" auf die Frage, was ihnen heilig sei, dokumentiert. Einer der Befragten verwies auf Dinge, die seiner verstorbenen Mutter besonders wichtig gewesen waren, zum Beispiel ein Rosenkranz.

Besonders heilig sind für viele Menschen Worte von Angehörigen oder Freunden, die in außergewöhnlichen Situationen gesprochen werden. So das letzte Wort eines Sterbenden, der einem besonders lieb ist, oder das erste Wort eines Kindes. Solche Worte bleiben lange oder für immer im Gedächtnis. „Was bleibet aber, stiften die Dichter", hat Hölderlin gesagt. Nicht nur die Dichter stiften durch Worte Bleibendes. Jeder Mensch tut es, wenn er sich selbst ganz in ein Wort der Liebe hineinsagt.

Heilig im fundamentalen Sinn sind für gläubige Menschen aber jene Worte, die als Wort Gottes gelten. Das Buch, in welchem sie geborgen sind, heißt darum Heilige Schrift. In der Sicht des biblischen Glaubens ist freilich nicht nur die Bibel, sondern auch die Welt als Schöpfung ein Wort Gottes.

Durch die Schöpfung spricht Gott ein ungeheures, ein großartiges, oft rätselhaftes Wort aus, und der Mensch soll darauf eine Antwort geben. Diese Antwort hat viele Möglichkeiten, sich auszudrücken. Sie kann Frage, Klage, auch Anklage sein. Über all das hinaus gerät sie immer wieder zur Zustimmung zur Welt mit all ihrer Herrlichkeit und ihrem Schrecken.

In der Liturgie, im Gottesdienst verdichtet sich die Antwort des Menschen auf das Wort, das Gott in der Bibel, in der Schöpfung und in der Geschichte zum Menschen spricht. Hier öffnet sich das Ich des Glaubenden zum Wir der Gemeinde. Hier wird gemeinsam auf das Wort Gottes gehört und gemeinsam geantwortet in Gestalt von Bitte, Dank und Lob. Und allen Antworten des Menschen auf Gottes Wort wird hier immer wieder das „Amen" wie ein Siegel aufgeprägt. Dieses hebräische Wort bedeutet

„Es steht fest, es ist sicher" und drückt daher nicht so sehr einen Wunsch, sondern eine Zustimmung aus: Zustimmung zu einem Lobgesang, aber auch zu einem Bittgebet, das ja in der alten Kirche wie auch die Predigt regelmäßig mit einer Doxologie, einem Lob Gottes, endete. Der im 5. Jahrhundert verstorbene Kirchenlehrer Hieronymus berichtet, daß damals in den großen römischen Kirchen das „Amen" der Gemeinde so mächtig gesprochen und gesungen wurde, daß es dem Donnern eines Gewitters glich.

———

Ausnahmsweise fand aus diesem besonderen Anlaß die Segensandacht nach der Messe statt. Als der Pfarrer Smith vor der Hostie in der Monstranz kniete, dankte er dem allmächtigen Gott von neuem dafür, daß er der Kirche so sichere, feste Worte geschenkt hatte, Worte, die nie versagen konnten . . .

(Bruce Marshall, Alle Herrlichkeit ist innerlich)

In Jesus Christus haben wir nicht Worte über das Wort, sondern wir begegnen in Jesus Christus dem ewigen Logos, der Fleisch geworden ist, der über sich selbst sagt: „Ich bin es" (Joh. 8,58).

(Antoni J. Nowak OFM, Die Theologie des Todes)

Mythos will Aufstieg des Menschen, Wort Gottes will Abstieg Gottes. Mythos will Macht, Wort Gottes will Anerkennung der Ohnmacht. Mythos will Wissen, Wort Gottes will Glauben.

(Hans Urs von Balthasar, Irenäus)

Heiliger Klang

Für die Weltsicht des Alten Testamentes ist der ganze Kosmos so etwas wie ein großer Klangkörper, der in innerer Harmonie das Lob Gottes zum Klingen bringt. Sonne, Mond, Sterne, Berge, Gewässer und jegliches lebendige Geschöpf, zumal der Mensch, können und sollen Gottes Lob erklingen lassen. Einige biblische Psalmen rufen litaneiartig dazu auf: „Der Himmel freue sich, und es juble die Erde, es brause das Meer und was es erfüllt! Es jauchze die Flur und was auf ihr wächst! Dann sollen frohlocken die Bäume des Waldes vor dem Herrn, wenn er kommt, die Erde zu richten", heißt es im Psalm 96 (Ps 96,11–13).

In den Oden Salomons, einem Dokument christlicher Gnosis aus dem 2. Jahrhundert, vergleicht sich der Verfasser mit einer Harfe, indem er sagt: „Wie der Windhauch durch die Harfe fährt, daß die Saiten klingen, so fährt der Geisthauch des Herrn durch meine Glieder, daß ich in seiner Liebe singe."

Der Kirchenlehrer Klemens von Alexandrien hat ebenfalls im 2. Jahrhundert Christus mit dem mythischen Sänger Orpheus verglichen, dessen Gesang wilde Tiere zu zähmen vermochte. Orpheus sei nur ein schattenhaftes Vorausbild Christi, der die Macht der Dämonen bezwang. Beinahe 1000 Jahre später hat der überaus sensible, mystisch begabte Kirchenlehrer Bernhard von Clairvaux Christus mit einer Harfe verglichen, indem er schrieb: „Zur Harfe ist dir der Bräutigam geworden. Das Holz vertritt das Kreuz. Sein Leib aber gleicht den Saiten, die über die Oberfläche des Holzes gespannt sind. Wäre er nicht ausgespannt ans Holz geheftet worden, so hätte er nicht den Klang der Worte hervorgebracht, die du recht auskosten sollst. Sieh nur genau hin: Sieben Saiten hat die Lyra. Er singt für dich, er spielt dir vor, er lädt dich ein, ihm zu lauschen."

In seinem Buch „Sternstunden der Menschheit" hat Stefan Zweig erzählt, wie Georg Friedrich Händel aus schwerer Krankheit, die ihn an einem Karfreitag niedergestreckt hatte, in eine neue Phase strömenden Lobes auferstand, als ihm die Inspiration zu seinem Oratorium „Der Messias" zuteil wurde. Über dessen Uraufführung schreibt Zweig: „Dann aber brachen die Chöre herab, orkanische Gewalt. Händel stand bei der Orgel. Er wollte sein Werk überwachen und führen, aber es riß sich los von ihm … als hätte er es nie … geschaffen. Und als am Ende das ‚Amen' anhub, da brachen ihm unwissend die Lippen auf, und er sang mit in dem Chor, er sang, wie er nie gesungen in seinem Leben … Die Schleuse hatte sich geöffnet. Nun strömte durch Jahre und Jahre wieder der klingende Strom."

Am Schluß dieser Aufzählung weniger Stimmen aus dem riesigen Chor des Lobes im Horizont der biblischen Religion soll ein Hinweis auf den großen Lobgesang der drei Jünglinge im Feuerofen stehen, der im Prophetenbuch Daniel überliefert ist. Engel und Menschen, Gestirne, Tageszeiten, Land und Wasser – alles wird zum Lob Gottes aufgerufen (Dan 3,51–90).

Zum Rühmen bestellt ist der Sänger Orpheus. Zum Rühmen ist in der Sicht der Bibel auch die Schöpfung aufgerufen. Ein großes Rühmen, ein großer Gesang ist schließlich – über alles Bitten hinaus – auch der Gottesdienst der Kirche.

———

Der christliche Gottesdienst war von Anfang an ein vom Alltag abgehobener Gottesdienst. Er war sogar von Anfang dadurch gekennzeichnet, daß er um eine neue Form des dichterischen und musikalischen Lobpreises bemüht war, und dies aus theologischen Gründen heraus. Wir können von da aus formulieren: Kirchenmusik mit künstlerischem Anspruch steht nicht gegen das Wesen christlicher Liturgie, sondern sie ist eine notwendige Ausdrucksform des Glaubens an die weltumspannende Herrlichkeit Jesu Christi. Die kirchliche Liturgie hat den zwingenden Auftrag, die Verherrlichung Gottes, die im Kosmos verborgen ist, aufzudecken und zum Klingen zu bringen.

(Kardinal Joseph Ratzinger, Theologische Probleme der Kirchenmusik)

Heilige Zeit

Bei einem Besuch in einer Abtei von Benediktinerinnen erzählte mir eine sehr betagte Nonne, sie sei schon vor mehr als sechzig Jahren in dieses Kloster eingetreten, aber die Jahre seither seien wie im Flug vergangen. Grund dafür sei wohl vor allem der schöne Rhythmus des Kirchenjahres gewesen mit seinen Festen, mit der Vorbereitung darauf und dem Nachklingen, mit der Schwelle zwischen Wochentag und Sonntag. Und darüber hinaus ist ja jeder Tag in einer Abtei nochmals gegliedert durch den Wechsel zwischen Stundengebet und Arbeit. Langeweile kann in einem solchen Tages- und Jahreslauf nicht leicht aufkommen.

Zeit wird sehr unterschiedlich erlebt. Der Dichter Hölderlin hat seine Epoche als eine „dürftige Zeit" empfunden, weil das Göttliche aus ihr entschwunden schien. Einen trüben Sonntagmorgen erlebte er als „bleierne Zeit". Die Dichterin Marie Luise Kaschnitz hat unsere Gegenwart im Kontrast dazu eine „reißende Zeit" genannt. Von einer „erfüllten Zeit" spricht Jesus am Beginn seines öffentlichen Wirkens: „Die Zeit ist erfüllt, das Reich Gottes ist nahe. Kehrt um und glaubt an das Evangelium" (Mk 1,15). Beim Abschied von den Jüngern vor seinem Tod spricht er von der ihnen verbleibenden Zeit als einer „kleinen Weile": „Eine kleine Weile noch, und ihr werdet mich wiedersehen" (Joh 16,16). In dem Maße, wie sich ein Mensch auf Gott und auf das Reich Gottes hin öffnet, wird seine Zeit zur „erfüllten Zeit". Die „kleine Weile" seines Lebens ist ohne Langeweile.

Die Redensart „Ich habe keine Zeit" prägt den Alltag vieler Menschen in der heutigen Gesellschaft. Andererseits gibt es immer mehr Menschen, die empfinden, zu viel Zeit zu haben. Dazu gehören die Einsamen, von denen viele betagt und krank sind. Zeit haben heißt, in der Gegenwart Gottes leben, sagt ein Spruch religiöser Weisheit. Das Kirchenjahr, ein in Jahrhunderten gewachsenes Kunstwerk des Glaubens, ist ein Rahmen, der Zeit für Gott ausspart und damit auch Zeit für viel Kostbares, das in Hast und Lärm nicht wahrgenommen wird.

Zum Wesentlichen des jüdisch-christlichen Erbes gehört es, daß der siebente beziehungsweise der erste Tag der Siebentagewoche vor allen anderen Tagen der Besinnung, dem Gottesdienst und der relativen Arbeitsruhe vorbehalten ist. Durch viele Jahrhunderte hat dieser Rhythmus von sechs Arbeitstagen und einem Ruhetag den Ablauf der Zeit strukturiert und so dem Leben Halt und Orientierung gegeben. Die daraus erwachsene Lebenskultur ist seit langem unterminiert und wird heute auch in ihren Restbeständen durch ökonomische Interessen in Frage gestellt. Der hohe Preis dafür ist weithin noch nicht bekannt. Eine breite Allianz zur Bewahrung des Sonntags sollte in Europa baldigst geschlossen werden.

———

Der siebente Tag hat einen Morgen, aber keinen Abend.

(Thomas von Aquin über das ewige Leben)

Der tiefste Rhythmus unseres Lebens ist der Rhythmus des Lichtes zwischen Tag und Nacht und dem Wechsel der Gezeiten. Diesen Rhythmus hat die Kirche von Anfang an angenommen und ihn aus dem Ablauf der natürlichen Gezeiten Jahr um Jahr in die Wiederkehr des Heilsgeschehens verwandelt. Ostern . . ., Weihnacht und Epiphanie . . . Zwischen diesen Zeiten pulst unser Leben und ist angefüllt mit den vielen Gedächtnissen der Geheimnisse des Heils und der Heiligen. Sobald der gläubige Christ in die Flut dieser Gedächtnisse eintritt und sie betend in sich aufnimmt, weiß er sich unendlich geborgen, aber niemals für sich allein, sondern immer stellvertretend für alle, die ihm ratlos begegnen und denen er von seiner Erfahrung mitteilen darf.

(Wilhelm Nyssen, Atmen im Rhythmus des Lichtes)

KREUZ UND RING
Von größter Schlichtheit sind diese Insignien – Pektorale
(Bischofskreuz) und Ring –, die Papst Johannes Paul II.
zumeist trägt.
(Foto: Arturo Mari, Vatikan)

Die Zahlen

„Du aber hast alles nach Maß, Zahl und Gewicht geordnet ... Die ganze Welt ist ja vor dir wie ein Stäubchen auf der Waage ..." (Weish 11,20.22) sagt ein Frommer aus Israel im biblischen Weisheitsbuch zu Gott. Ehrfürchtiges Staunen vor der in der Schöpfung sich eröffnenden Mathematik drückt sich in dieser Rede aus.

Heute werden Zahlen meist nur verstanden in bezug auf ihren Rechenwert als Maßstab von Raum und Zeit. In alten Kulturen aber haben Zahlen darüber hinaus eine ins Geheimnis weisende religiöse Bedeutung. Dies gilt besonders für den babylonischen Kulturkreis, der auch in dieser Hinsicht andere alte Kulturen in Asien, in Griechenland und in Alt-Israel beeinflußt hat. Dem Griechen Pythagoras und seinen Schülern galten die Zahlen als Prinzipien der Dinge.

Im großen Bogen von der Eins bis zur 1000 stehen einige Zahlen, denen in vielen Religionen und Kulturen eine besondere Bedeutung zugeschrieben wird. Die Eins, in der alle Gegensätze geborgen und aufgehoben sind, gilt als „zeugende Eins", als Symbolzahl für Göttliches. Die Zwei wird als Symbol des Gegensatzes verstanden. Die Drei und die Sieben sind Zahlen der Vollkommenheit. Die Zwölf galt in China, Babylon und Ägypten als große kosmische Zahl. Sie umfaßt die Stämme Israels ebenso wie die Apostel Jesu und die Tore des Himmlischen Jerusalem. Die Tausend schließlich gilt wiederum als Vollkommenheitszahl.

Große Mystik, man denke an die jüdische Kabbala, aber auch Magie und abstrus wirkender Aberglaube öffnen sich der Faszination der Zahlen. Offenbare, aber auch geheime, erst dem Forschen sich erschließende Mathematik liegt der Natur im Mikro- wie im Makrokosmos zugrunde und verlockt zum Staunen und zum Fragen. Offenbare wie geheime Mathematik bewirkt die Schönheit der Kathedralen des Mittelalters, der Passionsmusik des Johann Sebastian Bach und vieler anderer großer Werke von Menschen. In der Reflexion auf sich selbst entdeckt der Mensch diese Ordnung auch in der eigenen leib-seelischen Existenz.

Der unbekannte Verfasser des 139. Psalms der Bibel gerät darüber in ein Staunen und Danken, das über alles Zählen und Wägen hinausweist: „Ich preise dich, Herr, daß ich so ungeheuer wunderbar entstanden bin ... Wie schwierig sind für mich deine Gedanken, o Gott, wie gewaltig ihre Gesamtzahl! Wollte ich sie zählen, es wären mehr als die Sandkörner; würde ich sie abschließen, ich wäre noch immer bei dir" (Ps 139,14.17 f.).

———

Das Göttliche Eine ist nicht der Anfang einer Zahlenreihe, es ist keine Zahl, sondern die Verneinung der Zahl. Es bedeutet das Einzige und nicht eine Hälfte von Zwei oder ein Drittel von Drei. Man addiert keine Drei zu einem Einzigen.
Diese Bemerkung ist kein subtiles Spiel ohne Bedeutung. Will man unserem logischen Denken nachgeben und die Drei Göttlichen Personen mit Gewalt zueinanderrechnen, dann schlösse man bereits im ersten Anfang die Türen zum Mysterium der Dreifaltigkeit, und man riskierte alle Arten von Konfusionen.
Denn selbst, wenn die Gottheit über allem liegt und als dreifaltige Einheit gefeiert wird, so ist sie doch weder eine Drei noch eine Eins im Sinne unserer Zahlen.
(Maximus Confessor)

Dem Wort vom Anfang mußt du trauen,
In ihm laß deinen Willen ruhn!
Das Tiefste wirst du endlich schauen,
Begreifen lernen all dein Tun.
Und wirst nicht länger menschlich hadern.
Wirst schaun der Dinge heil'ge Zahl ...

(Eduard Mörike, Die Elemente)

Die Farben

Im 45. Psalm der Bibel ist von der Braut eines Königs die Rede, die angetan mit Geflechten aus Gold und gekleidet in bunte Gewänder vor den Bräutigam tritt (Ps 45,14 f.). Die Kirchenväter haben in dieser Frau ein Symbol für die Kirche gesehen und in der Buntheit ihrer Kleider ein Zeichen für die Vielfalt der in ihr wirksamen Gaben des Heiligen Geistes.

Farben haben zumal beim Gottesdienst der Katholischen Kirche und der östlichen Kirchen viel Platz und große Bedeutung. Man findet sie auf Bildern, Statuen, liturgischen Gewändern und Fenstern. Kirchen der Reformation hingegen gehen mit Farben bedeutend sparsamer um.

Die Bibel erzählt in ihrem ersten Buch, daß Gott nach der Sintflut den Regenbogen zum Zeichen des Bundes zwischen ihm und dem Stammvater Noach erklärt hat. Dieses Phänomen entsteht, wenn das reine weiße Licht der Sonne, die im Rücken des Betrachters steht, sich in Regentropfen bricht und zu siebenfältiger Buntheit von Violett über Indigo, Blau, Grün, Gelb und Orange zu Rot verwandelt.

Die Freude an der Farbe im Gottesdienst und im Leben überhaupt ist Ausdruck christlicher Freude an der Schöpfung und an der Erlösung. Diese Freude hat im Lauf eines Kirchenjahres ihre Gezeiten, Ebbe und Flut. Sie ist gedämpft in der vorösterlichen Bußzeit und im Advent, und sie ist voll entfaltet zu Ostern, Pfingsten und Weihnachten. Diesem Rhythmus entspricht im katholischen Gottesdienst auch der Wechsel der Farben von liturgischen Gewändern und im Schmuck des Kirchenraumes.

In der Zeit der Antike trug man über dem weißen Unterkleid ein farbiges Gewand, das seine Farbe durch Eintauchen in das verdünnte Sekret der Purpurschnecke und durch nachfolgende Einwirkung des Sonnenlichtes empfangen hatte. Je nach Dauer dieser Lichteinwirkung ergaben sich verschiedene Purpurtönungen von Rosa über bräunliche Farbwerte zu Rot, Violett und Rotschwarz. Der höchsten Würde in der Gesellschaft war das

Rotschwarz zugedacht. Die Kirche übernahm diese Ordnung und bekleidete den Bischof mit einem Übergewand in dunklen Purpurtönen. Die fünf vom Konzil von Trient im 16. Jahrhundert vorgeschriebenen Farben für die römisch-katholische Liturgie leiten sich von diesem antiken Spektrum des Purpurs her: Weiß für Feste Christi und jener Heiligen, die nicht Blutzeugen sind; Rot für Feste der Passion, des Heiligen Geistes und der Märtyrer; Grün für gewöhnliche Sonntage; Violett für Bußtage und Schwarz für den Karfreitag und Totengottesdienste. Goldbrokate konnten für alle Feste verwendet werden.

Weiß ist die Summe aller Farben des Regenbogens, die Fülle des ungebrochenen Lichtes, Ausdruck von Anfang und Ende, von Fülle und Leere. Das erregende Rot ist die Farbe von Blut und Glut, Ausdruck von Leben, Kraft und Leidenschaft. Grün ist die Farbe des Paradieses und des Kreuzes als Lebensbaum. Das aus Vermischung von Blau und Rot entstehende Violett ist die Farbe des rechten Maßes und der Mäßigung. Ein violetter Edelstein trägt den Namen Amethyst. Das bedeutet ins Deutsche übersetzt „Stein der Nichttrunkenheit". Die Vermischung von Rot und Blau macht diesen Stein zu einem Symbol der Vermittlung zwischen Himmel und Erde.

Schön wie der Regenbogen ist das Miteinander und Ineinander der Farben im katholischen Gottesdienst. Alle diese Schönheit soll ein Verweis auf die „unendliche Schönheit Gottes" sein, von welcher das II. Vatikanische Konzil in Zusammenhang mit diesem Gottesdienst gesprochen hat.

———

Die Knechte und Diener schliefen noch . . ., als wir uns . . . zu Laudes erneut in den Chor begaben . . . Doch als der Canticus des Evangeliums gerade begann, gewahrte ich hinter den Fenstern des Chores, genau über dem Altar, einen schwachen Schimmer, der die herrlichen Farben der Gläser, die bis dahin im Dunkel gelegen hatten, erstmals aufleuchten ließ.

(Umberto Eco, Der Name der Rose)

Gold – Glanz der Ewigkeit

In der Offenbarung des Johannes, dem letzten Buch des Neuen Testamentes, ist die Rede von einer goldenen Stadt, dem Himmlischen Jerusalem. Sie ist nicht von Menschen, sondern von Gott erbaut als Raum, in welchen die Wege der zu Christus Gehörenden münden. Die Architektur dieser Stadt ist ein Gefüge aus lauterem Gold und aus zwölferlei Edelsteinen und Perlen. Ihre Tore sind beständig geöffnet, und doch findet dort nur Einlaß, wer dem Bösen abgesagt hat und eingeschrieben ist im Lebensbuch des Lammes Gottes. Das Edelmetall Gold leuchtet hier gleichermaßen zur Ehre Gottes wie zur Freude der Menschen.

Gold ist in der Geschichte der Menschheit einerseits Ursache positiver Faszination. Es ist zauberhaft durch seinen Glanz, kostbar durch seine Seltenheit und ein Symbol für Dauer wegen seiner Unverletzbarkeit durch Feuer, Rost oder ätzende Flüssigkeit. Als „Goldene Sonne" wurde es zum Sinnbild für das Licht und den Himmel und fand und findet Verwendung insbesondere auch als Schmuck von Gotteshaus und Gottesdienst. Johannes, der Seher von Patmos, sah, daß in der himmlischen Liturgie Räucherwerk in goldenen Schalen dargebracht wurde (Offb 8,3).

Andererseits wird das Gold als Synonym für Reichtum als gefährlich, ja als zerstörerisch erlebt. In der Sicht vieler Mythen und Sagen liegt ein Fluch auf ihm, weil viele Menschen es zum Götzen werden lassen, vor dem höhere Werte verblassen. Ein antiker Mythos erzählt vom König Midas, er habe von den Göttern die Erfüllung eines Wunsches zugesichert erhalten, und er habe, durch Goldgier verblendet, gewünscht, daß alles von ihm Berührte sich zu Gold verwandle. Dies geschah, und er war schließlich am Verhungern, weil auch alle von ihm berührten Speisen zu Gold wurden. So bat er die Götter, sie mögen ihn von ihrem Geschenk wieder befreien. Auch dieser Wunsch wurde ihm erfüllt, aber ein Gott zog ihm die Ohren in die Länge, und er mußte nun mit Eselsohren leben, die er schamhaft mit einem Turban bedeckte. Goldgier ist Torheit, sagt dieser Mythos. Und Jesus hat gesagt, der Mensch könne nicht zugleich zwei Herren dienen, nämlich Gott und dem Mammon (Mt 6,24).

Die Liturgie der Katholischen und der Orthodoxen Kirche bezieht Gold, Silber und edle Steine ein in das Ziel, Gott zu ehren, indem sie auch etwas vom materiell Kostbarsten zum Ausdruck menschlicher Selbstüberschreitung auf Gott hin werden läßt. Dieses Ziel muß relativiert werden durch ein anderes, größeres: Gott in den Notleidenden dienen. Immer wieder wurden daher auch goldene und silberne Kultgegenstände profaniert, um den Erlös den Armen zu geben. Kult kann auf alles Gold der Welt verzichten, aber es ist legitim, dieses Gold nicht nur in Safes von Banken zu verstecken oder in Museen zur Schau zu stellen, sondern einiges davon als Ausdruck der Liebe zu Gott in den Dienst der Liturgie zu stellen, so wie man auch geliebten Menschen gern einen goldenen Ring oder ein anderes Schmuckstück zum Geschenk macht.

———

„Darum", so schloß er, „darum wollen wir uns die Worte des Psalmisten zu eigen machen – die Worte, mit denen er die künftige Braut Christi besingt und die ich heute meiner Predigt zugrunde gelegt habe: ‚Alle Herrlichkeit der Tochter des Königs ist innerlich, und in Gold ist sie gewandet.' Aber wir wollen daran denken, daß das Gold zu Ehren des Allmächtigen und nicht der Menschen da ist. Der Priester trägt prächtige Gewänder bei der Messe, und Weihrauch wird verbrannt, weil Christus sich dem Altar naht und wir ihn mit Zeichen der Liebe und Ehrerbietung empfangen sollen, mögen sie auch noch so dürftig und unzulänglich sein. Und selbst wenn die Zeichen fehlten, selbst wenn ein Priester in Fetzen und Lumpen die Messe läse, so wäre das Kleid der Königstochter immer noch golden, denn Christus wäre auch dann zugegen, wie er verheißen hat . . ."

(Bruce Marshall, Alle Herrlichkeit ist innerlich)

GOTTES UND DER MENSCHEN HAUS

Die Kirche

Das Wort „Kirche" bezeichnet zuerst nicht ein Bauwerk, sondern eine Gemeinschaft von Menschen, die vor Gott versammelt ist. Seit langem ist es aber auch ein Name für jene Häuser, in denen sich die christliche Gemeinde zur Feier der Eucharistie, zur Spendung der Sakramente sowie zum Stundengebet und zu Andachten versammelt und in welche auch außerhalb der Zeit von Gottesdiensten einzelne Beter kommen, um vor dem Tabernakel den in Brotgestalt gegenwärtigen Christus zu verehren.

Die Typen des Kirchenbaues spannen einen großen Bogen von der kleinen Dorfkirche bis zur Kathedrale, von der romanischen Kirchenburg bis zu Beton- und Stahlskelettbauten in unserem Jahrhundert. „Es gibt Kirchen, die wie Abgründe sind, und andre sind wie glühende Öfen. Und wieder andre sind so ... kunstvoll gespannt, daß sie tönen müßten unter dem Finger", läßt Paul Claudel in seinem Drama „Die Verkündigung" einen Dombaumeister der Gotik sagen.

Die ältesten Kulträume der Christenheit waren erzwungenermaßen verborgen; und auch heute gibt es wieder Kirchen, die sich bescheiden in den Schatten von Hochhäusern ducken, und Kapellen, die in Wohnhäuser eingebaut sind. Die meisten Kirchen sind aber gut sichtbar in die Mitte der Dörfer und der Altstädte oder auf Berge und Anhöhen hingestellt, und das ist nicht nur den Augen eine Freude, sondern es hat auch einen guten theologischen Grund: Der Glaube ist nach christlichem Selbstverständnis nicht bloß eine private Angelegenheit, sondern ein öffentliches Ereignis.

Kirchen sind geweihte, ausgegrenzte und dem alltäglichen Betrieb entzogene Räume. In den sechziger Jahren unseres Jahrhunderts wollte man bei Kirchenneubauten auf dieses Prinzip verzichten und anstelle der geweihten, nur für den Gottesdienst bestimmten Sakralräume sogenannte Mehrzweckräume errichten. Aus der Not – solche Mehrzweckräume hatte es bisher nur in der Diaspora als Folge materieller Armut gegeben – sollte so eine Tugend werden. Indem man aber einen Unterschied zwischen

„sakral" und „profan" nicht mehr gelten ließ, mißachtete man die aller Religion vorausliegende Tatsache, daß der Mensch nicht nur in einem einzigen Raum leben und sich vollziehen will, sondern daß er Schwellen braucht: Übergänge von einer Art von Raum in Räume anderer Art; auch Zeitschwellen zwischen Arbeit, Muße, Feier und Gebet. Das Heilswirken Gottes nimmt diese menschlichen Vorgegebenheiten ernst.

Heute werden wieder Kirchen gebaut, die nur dem Gottesdienst dienen. Freilich gibt es den bedenklichen Gegentrend, immer mehr Kirchen in Nebenfunktionen zu Konzerthäusern umzuwandeln. Ein geistliches Konzert in einer Kirche kann aber bei einigem Bemühen noch in eine Andacht verwandelt werden, wenn etwa zur Einführung ein geistliches Wort gesagt wird, wenn die Kerzen am Altar angezündet werden und auf Applaus möglichst verzichtet wird. In einem Kirchenhaus gilt ja der Psalmvers: „Nicht uns, o Herr, nicht uns, sondern deinem Namen die Ehre . . . " (Ps 115,1).

Das Wesen einer Kirche kommt bei der Liturgie der Kirchweihe zu ergreifendem Ausdruck. In einem Ritus der Reinigung werden die anwesenden Gläubigen und die Wände der Kirche mit geweihtem Wasser besprengt. Der Bischof segnet dann den Ambo, indem er Gott bittet, sein Wort möge dieses Haus erfüllen und eindringen in Ohr und Herz der Glaubenden. Nach der Salbung des Altares werden die Wände der Kirche an zwölf Stellen mit Chrisamöl gesalbt: Die Kirche ist gegründet auf das Fundament der zwölf Apostel. Altar, Gemeinde und Kirchenwände werden dann durch Weihrauch geehrt: ein Symbol für die hier zu Gott aufsteigenden Gebete. Schließlich werden alle Lichter angezündet: „Christi Licht leuchte auf in seiner Kirche, und alle Völker mögen zur Fülle der Wahrheit gelangen", spricht der Bischof bei diesem Ritus.

Der wirklich gläubige Christ begreift sein Leben als einen Pilgerweg zu Gott. Das ewige Leben wird von Jesus als Beheimatung in den „himmlischen Wohnungen" dargestellt. Kirchen sind geistliche Raststätten an diesem Weg, wo der Mensch einkehrt, um in Wort und Sakrament eine Wegzehrung zu empfangen.

Allmächtiger, ewiger Gott,
in freudigem Lobgesang preisen wir deinen Namen,
denn du heiligst und führst deine Kirche.
In festlicher Feier weihen wir dir heute
   dieses Haus des Gebetes . . .
Segne vom Himmel her diesen Altar und diese Kirche.
Dieser Ort sei geheiligt für immer
und dieser Tisch auf ewig geweiht für das Opfer Christi.
Hier tilge die Flut deiner Gnade
   die Vergehen der Menschen.
Hier sterbe der alte, sündige Mensch,
und das neue Geschlecht deiner Kinder
   werde wiedergeboren zum ewigen Leben.
Hier feiere deine Gemeinde,
versammelt um den Altar,
das österliche Gedächtnis
und lebe vom Wort und vom Leibe Christi.
Hier erklinge der freudige Lobgesang,
hier vereine sich die Stimme der Menschen
   mit den Chören des Himmels,
und das Gebet für das Heil der Welt
   steige allezeit empor vor dein Angesicht.
Hier mögen die Armen Barmherzigkeit finden,
die Bedrückten die Freiheit
und jeder Mensch die Würde deiner Kindschaft.
Nach dieser Zeit aber laß uns alle jubelnd einziehn . . .
in das Himmlische Jerusalem . . .

(Gebet bei der Weihe einer Kirche)

Die Schwelle

Vor vielen Türen liegen Schwellen, niedrige Stufen, die das Eintreten in den dahinterliegenden Raum nicht behindern, aber dazu beitragen, dieses Hineingehen bewußter zu gestalten. Sie verstärken die Achtsamkeit auf den Unterschied zwischen draußen und drinnen, zwischen den Räumen vor und hinter der Türe. Sie laden ein, sich noch einen Augenblick lang auf Begegnungen vorzubereiten, die geschehen, wenn die Türe geöffnet wird. Schwellen erwecken Vorfreude, aber auch Schwellenangst. Es gibt nicht nur Raumschwellen, sondern auch Zeitschwellen, die von besonderer Bedeutung sind, wie der Übergang in ein neues Jahr oder gar in ein neues Jahrhundert oder Jahrtausend. Solche Schwellen können als beängstigend hoch empfunden werden. Andererseits trägt ein Verflachen oder gar Beseitigen vieler Schwellen zu einer Banalisierung des Lebens bei.

Vor mehr als zwanzig Jahren lud mich einer meiner Studienkollegen, ein Bauernsohn, zur Feier seiner Primiz ein. Nach dem Gottesdienst fuhren wir zum Heimathaus des Neupriesters, einem einsam gelegenen Bergbauernhof. Einige alte Frauen blieben dort beharrlich vor dem Haus stehen. Sie seien Tanten des Primizianten, erzählten sie mir: hier geboren und vor Jahrzehnten fortgezogen. Sie gingen nicht über die Schwelle des Hauses, bis einer der jetzigen Bewohner sie deutlich dazu einlud. In der Diele vor der Wohnstube wiederholte sich diese Schwellenscheu. Es sei ein alter Brauch, wurde mir erklärt, nicht ohne Geheiß über die Schwelle zu gehen, nicht einmal, wenn man im Haus geboren worden war.

Solcher Respekt vor der Schwelle mutete mich, den in der Stadt Geborenen und Aufgewachsenen, damals fremd an.

Jahre später nahm ich am Begräbnis der Mutter eines Studienkollegen teil. Sie war daheim im Bauernhaus aufgebahrt, in dem sie gelebt hatte. Als ihre Söhne den Sarg über die Schwelle des Hauses trugen, hielten sie inne und bewegten den Sarg in Form eines Kreuzes: ein ergreifendes Zeichen für den Abschied.

DER KELCH
Um 1470/80 wurde dieser mit Edelsteinen gezierte Kelch aus
vergoldetem Silber wahrscheinlich in Krakau geschaffen. Er
wurde aus dem Kloster St. Blasien im Schwarzwald in die Abtei
St. Paul im Lavanttal gebracht und zählt zu den schönsten Bei-
spielen gotischer Silber- und Goldschmiedekunst in Europa.
(Foto: Ferdinand Neumüller, Klagenfurt)

Kostbares Brauchtum hat sich in vielen Kulturen im Zusammenhang mit Schwellen entwickelt und ist in Gefahr, vergessen zu werden, oder ist bereits vergessen. Bräute oder neugeborene Kinder wurden vielerorts an der Schwelle ihres künftigen Lebensraumes festlich begrüßt oder gar über die Schwelle getragen. Heute ersetzen neue Zeichen oft die alten Schwellen: Klingeln, Sprechanlagen und Videokameras. Sie erfüllen eine technische Funktion, haben aber nichts von der Würde einer Schwelle an sich.

Die Kirche hält nach wie vor Schwellen bereit, wenngleich bei manchen neuen Kirchenbauten auf dieses Symbol vergessen worden ist. Wer als Glaubender in einen katholischen Kirchenraum eintritt, der ist eingeladen, dies bewußt zu tun. Ein dreifacher Schwellenritus ist ihm auferlegt: das Eintauchen der rechten Hand in geweihtes Wasser, das Sichversiegeln mit dem Kreuzzeichen und die Kniebeuge vor dem Tabernakel.

Die Schwellen vieler Kirchen sind ausgehöhlt worden durch die Schritte Tausender von Menschen aus vielen Generationen. Unzählige Beter sind hierhergekommen, Kinder wurden zur Taufe gebracht, Brautpaare sind festlich eingezogen, und Tote hat man zum Gottesdienst hierher begleitet. Ein Mensch, der bewußt in ein Kirchenhaus eintritt, ist eingeladen, an das Kind zu denken, das er einst gewesen ist und in gewissem Sinne immer bleiben soll; an den Tod, der ihm bevorsteht, und an die sich immer wieder einstellende Sehnsucht, neu und ganz zu werden.

An diese Sehnsucht, neu zu werden, appellierten auch die Mönche der ökumenischen Bruderschaft Taizé in Burgund, als sie eine Zeitlang ein Stück weißer Pappe an die zu ihrer Kirche führenden Stufen gelehnt hatten, auf welchem ein berührender Appell zu lesen war: „Ihr, die ihr hier eintretet, laßt euch versöhnen: der Mann mit der Frau, der Vater mit dem Sohn, die Mutter mit der Tochter, der Einheimische mit dem Fremden, der Mensch mit Gott." Ergreifend wehrlos war dieses Wort. Ein achtlos daran Vorbeigehender konnte das Stück Pappe mit dem Fuß umstoßen und den Friedensappell zum Verschwinden bringen. Gewiß sind aber Unzählige nicht achtlos daran vorbeigegangen, sondern haben sich ein wenig oder auch radikal verwandeln lassen durch diesen Ruf zum Frieden.

Ein bewegendes Schwellenerlebnis ist mir zuteil geworden, als ich zum ersten Mal nach der Bischofsweihe in der jetzigen barocken Kathedrale meiner Diözese zu einem festlichen Gottesdienst in den ursprünglichen Dom, einen romanischen Bau, einzog und mit dem Fuß unversehens in die tiefe Mulde trat, die unzählige Schritte in achthundert Jahren in seiner steinernen Schwelle hinterlassen haben; darunter auch die Schritte von etwa sechzig meiner Vorgänger im Bischofsamt. Für einen Augenblick empfand ich tief, was Tradition ist. „Tradition ist Demokratie für die Toten", hat der geistreiche Engländer Gilbert Keith Chesterton gesagt. Das bedeutet, die Toten möchten im Diskurs der Lebenden mit dabei sein. Sie möchten mitreden, und sie haben viel zu sagen. Die Kirche ist ein Haus für die Lebenden und für die Toten. Eine alte, abgetretene Schwelle ist auch so etwas wie eine Brücke, die Generationen miteinander verbindet.

Schwellen unterbrechen Wege, die man sonst vielleicht zu gedankenlos, zu freudlos ginge.

———

Wahrlich, lieber ein Tag in deinen Vorhöfen als tausend in meiner Freiheit! Lieber auf der Schwelle liegen am Hause meines Gottes, als in den Zelten des Frevels wohnen!

(PS 84,11)

Im Namen des Vaters und des Sohnes und des Heiligen Geistes. Wer immer diese Schwelle überschreitet,
erfahre hier Heil und Segen, Hilfe und Trost.
(Worte des Bischofs an der Kirchenschwelle bei der Weihe einer neuen Kirche)

Die Tür

„Siehe, ich stehe vor der Tür und klopfe an. Wer meine Stimme hört und mir die Tür auftut, bei dem werde ich eintreten, und wir werden Mahl halten, ich mit ihm und er mit mir" – dies sind Worte Christi an die frühchristliche Gemeinde von Laodicea, überliefert in der Geheimen Offenbarung des Johannes (Offb 3,20).

Der Mensch sucht von jeher Schutz im Mantel einer Mauer, einer Höhle, eines Zeltes. Aber er ist in diesem abgegrenzten Raum nicht so autonom, daß er nicht eine Öffnung aussparen müßte, durch die man aus- und eingehen kann, um das zu erreichen, was man zum Leben braucht: Menschen und Dinge. Eine Öffnung, die man auch verschließen kann, um dahinter in Einsamkeit oder mit anderen Menschen sicher zu verweilen.

Das Drehen einer Tür in ihren Angeln kann verbinden oder trennen. Das Eröffnen eines neuen Lebensraumes oder das Verschließen einer Quelle von Gefahr durch die Tür ist unter Umständen ein über die Existenz entscheidender Vorgang. Darum hat sich Jesus nicht nur Licht der Welt, Weg, Wahrheit und Leben, sondern auch die Tür genannt. Im Johannesevangelium, wo er sich den Guten Hirten nennt, sagt er auch: „Ich bin die Tür zu den Schafen . . . ; wer durch mich hineingeht, wird gerettet werden; er wird ein- und ausgehen und Weide finden. Der Dieb kommt nur, um zu stehlen, zu schlachten und zu verderben; ich bin gekommen, damit sie das Leben haben und es in Fülle haben (Joh 10,7–10).

Der Prophet Ezechiel sah in einer Vision den wiedererbauten Tempel von Jerusalem und vernahm ein Wort Gottes über das Osttor dieses Heiligtums: „Dieses Tor soll geschlossen bleiben, es soll nie geöffnet werden, niemand darf hindurchgehen; denn der Herr, der Gott Israels, ist durch dieses Tor gegangen" (Ez 44,2). In der Deutung durch die alte Kirche wird dieses Tor, das, gegen Osten gerichtet, verschlossen bleibt und nur dem Herrn sich öffnet, ein Zeichen, das auf Maria hinweist. Sie ist die verschlossene Pforte, durch die allein der König der Könige eingetreten ist. Die Ostkirche stellt daher auch heute an der königlichen Tür der Ikonostase – jener Bilderwand, die den Altarraum vom Kirchenschiff trennt – die Verkündigung an Maria dar. Die Westkirche nennt in der Lauretanischen Litanei Maria die „Pforte des Himmels".

Vor der feierlichen Weihe einer Kirche pocht der Bischof in der Regel mit seinem Stab an die Tür des Gotteshauses und sagt dazu die deutenden Worte: „So spricht der Herr: Ich bin die Tür; wer durch mich hineingeht, wird gerettet werden." Dann wird der 24. Psalm gesungen und in ihm die Worte: „Ihr Tore, hebt euch nach oben, hebt euch, ihr uralten Pforten, denn es kommt der König der Herrlichkeit" (Ps 24,9).

Türen öffnen Wege zum Leben, aber auch Wege zum Tod. In einem Bühnenstück des amerikanischen Dramatikers Thornton Wilder mit dem Titel „Das lange Weihnachtsmahl" wird gezeigt, wie eine Familie, der Menschen aus mehreren Generationen angehören, an einem langen Tisch zwischen zwei Türen ihr Weihnachtsmahl hält. Durch die Tür des Lebens auf der einen Seite wird dann und wann ein Kinderwagen hereingeschoben. Bisweilen stehen auch ein Mann oder eine Frau vom Tisch auf und gehen allein durch die zweite Tür hinaus. Es ist die Pforte des Todes.

Der christliche Glaube sagt, daß dahinter jener Christus steht, der der Gemeinde von Laodicea sagen ließ, er werde Mahl halten mit dem, der ihn in sein Leben und Sterben einläßt.

———

Da entrückte er mich in der Verzückung auf einen großen, hohen Berg und zeigte mir die heilige Stadt Jerusalem, wie sie von Gott her aus dem Himmel herabkam, erfüllt von der Herrlichkeit Gottes . . . Die Völker werden in diesem Licht einhergehen, und die Könige der Erde werden ihre Pracht in die Stadt bringen. Ihre Tore werden den ganzen Tag nicht geschlossen – Nacht wird es dort nicht mehr geben.

(Offb 21,10 f. · 24 f.)

46

Der Taufbrunnen

Im Dom von Assisi wird bei Führungen auch auf den romanischen Taufstein hingewiesen und daran erinnert, daß über diesem steinernen Becken im 12. Jahrhundert zwei Kinder getauft worden sind, die später auf sehr unterschiedliche Weise die Weltgeschichte geprägt haben, der eine als genialer Politiker, der andere als Heiliger. Es waren dies der Stauferkaiser Friedrich II. und Franz von Assisi. Auch im Dom von Salzburg wird bei Hinweisen auf das alte Taufbecken meist hinzugefügt, daß hier das Kind Wolfgang Amadeus Mozart am 28. Jänner 1765 die Taufe empfangen hat.

Zur Ausstattung nicht nur der Dome, sondern einer jeden Pfarrkirche gehört ein solches Behältnis aus Stein oder Metall für die Feier der Taufe. Man benennt es mit dem schönen Wort Taufbrunnen. Das zur Taufspendung geweihte Wasser wird aber zumeist nicht daraus geschöpft, sondern fließt nur beim Übergießen von Scheitel und Stirn des zu Taufenden in dieses Becken. In der frühesten Zeit der Kirchengeschichte bedurfte es solcher Taufbrunnen nicht. Es wurde durch Untertauchen in natürlich fließendem Wasser getauft, auch in Erinnerung an die Taufe Jesu im Fluß Jordan (Mt 3,13–17). So geschah es bei der Taufe des Kämmerers der Königin von Äthiopien durch den Diakon Philippus, wie die Apostelgeschichte des Neuen Testaments berichtet (Apg 8,26–39).

In den bald schon entstehenden Kirchen war für die Taufspendung ein festgelegter Ort oder sogar ein eigener Raum ausgespart, oft nahe dem westlichen Eingang, da ja durch die Taufe erst der volle Zutritt zum Mysterium der Eucharistie gewährt war. In der Mitte solcher Taufräume oder Taufhäuser, die man Baptisterium nannte, befand sich ein Bassin mit fließendem Wasser, in welches die Taufkandidaten hinabstiegen, um untergetaucht oder mit Wasser übergossen zu werden. Dieser Taufort war üblicherweise in der Form eines Kreuzes gestaltet. Der Täufling tauchte in das Mysterium des Kreuzes ein, um wie der gekreuzigte Christus in eine neue Existenzweise aufzuerstehen. Oft war das Baptisterium auch achteckig, um auszudrücken, daß Christus am ersten Wochentag, dem achten Tag in Überbietung der alttestamentlichen Siebentagewoche, auferstanden war. Für den Getauften ist dadurch die alte Weltzeit aufgebrochen in den „achten Tag" der Ewigkeit hinein. Die Zahl acht war für die Griechen ein Symbol der Vollendung. Der von griechischem Geist besonders geprägte Kirchenlehrer Clemens von Alexandrien hat daher gesagt: „Wer von der irdischen Mutter geboren wird, der wird in den Tod geschleudert und in die Welt. Wer aber von Christus wiedergeboren wird, der wird in das Leben, in die Achtzahl, hinüberversetzt."

Heute geschaffene Tauforte und Taufbrunnen sind meist schlichter als in früheren Epochen. Sie sollen am besten außerhalb des Altarbereiches liegen, aber gut sichtbar und zugehbar sein und so den Christen an seine eigene Taufe erinnern, die sogar für den zum Atheisten gewordenen großen französischen Schriftsteller Albert Camus noch ein Symbol für Freiheit und volles Leben geblieben war. In seinen Tagebüchern findet sich eine Eintragung über einen Aufenthalt in New York. Camus schreibt, daß er in den Steinschluchten dieser Stadt umhergeirrt sei wie ein gefangenes Tier, bis er endlich zum Hafen gelangte, „wo mich", so heißt es wörtlich, „schwarz und mit fauligen Korken bedeckt mein Taufwasser erwartete". Das Meer symbolisiert hier Freiheit im Gegensatz zur riesigen fremden Stadt, die als Käfig empfunden wird. Und das Meerwasser wird zur Erinnerung an das Taufwasser als Schoß des Lebens.

——

Wißt ihr denn nicht, daß wir alle, die wir auf Christus Jesus getauft wurden, auf seinen Tod getauft worden sind? Wir wurden mit ihm begraben durch die Taufe auf den Tod; und wie Christus durch die Herrlichkeit des Vaters von den Toten auferweckt wurde, so sollen auch wir als neue Menschen leben . . .

(Röm 6,3 f.)

DIE MONSTRANZ
„Prager Sonne" nennt man die im Loretoheiligtum auf dem
Hradschin aufbewahrte Diamantenmonstranz, die als eines der
hervorragendsten Werke barocker Goldschmiedekunst 1699 von
den Wiener Goldschmieden M. Stegner und J. B. Khünischbauer
vollendet wurde.
(Foto: Miroslav Fokt. Mit freundlicher Genehmigung der
P. P. Kapuziner, Prag)

FENSTER WIE SONNEN
Ein großes Sonnenfenster aus der Zeit von 1334 bis 1336
durchbricht die Westfassade des Domes von Gemona in Friaul.
(Foto: Ferdinand Neumüller, Klagenfurt)

Der Altar

In der Genesis, dem ersten Buch der Bibel, wird erzählt, der Erzvater Jakob habe auf einer seiner Wanderungen eine Nacht so zugebracht, daß er sein Haupt auf einen Stein bettete. Im Traum habe sich ihm der Himmel aufgetan, und er sah eine Leiter, die von der Erde bis zum Himmel reichte. Engel stiegen auf und nieder, und an der Spitze der Leiter erschien Gott selbst und gab Jakob die Verheißung, seine Nachkommen würden so zahlreich sein wie der Staub der Erde. Jakob richtete am Morgen, aus dem Traum erwachend, den Stein auf, übergoß ihn mit Öl und machte ihn so zu einem Altar, weil Öl eine der Opfergaben war, die auf Altären dargebracht wurden (Gen 28,10–19).

Altäre waren in vielen Religionen und auch im vorchristlichen Judentum Monumente aus Stein, Erde oder Metall, auf denen Opfergaben als Ausdruck der Verehrung für Gott oder Götter ausgegossen oder verbrannt wurden. Die Urchristen in Jerusalem besuchten anfangs noch den Tempel dieser Stadt mit seinen Altären für die Rauch- und Brandopfer. Aber immer deutlicher wurden sie zu Fremden in diesem Tempel, der später von den Römern wohl für immer zerstört wurde.

Den Christen wurde anstelle der alten Altäre das Kreuz Christi zum neuen Altar: das Marterholz, an welchem er sein Leben als Ausdruck der Liebe für die Sünder dahingab, die ihn ans Kreuz gebracht hatten. Die Christen vollzogen von Anfang an die ihnen seit dem letzten Abendmahl von Christus aufgetragene Eucharistie: „Tut dies zu meinem Gedächtnis" (Lk 22,19).

Sie hatten zuerst noch keine Kirchen und feierten das heilige Geheimnis in Wohnungen an gewöhnlichen Tischen. Aber was da gefeiert wurde, war nicht einfach eine Mahlzeit zur Erinnerung an Jesus, sondern Gegenwart seines Leidens und Todes, Gegenwart des Kreuzesopfers, in welchem der Priester und das Opfer identisch waren.

Es konnte nicht zweifelhaft sein, daß dieses Himmel und Erde bewegende Ereignis die Schlichtheit, ja Biederkeit der Wohnzimmer und Speisesäle sprengen würde, sobald das Christentum aus dem Untergrund in die Öffentlichkeit trat und für den Gottesdienst Kirchen erbaute. Inmitten dieser Kirchen steht seither der Altar. Es war anfangs nur einer: Hinweis auf den einzigen Erlöser Jesus Christus und die eine Eucharistie. In der Regel war er aus Stein gefügt: Felsen von Golgota, auf dem das Kreuz stand.

Später wurde diese schöne Symbolik verdunkelt. Man stellte viele Altäre auf und errichtete über ihnen Aufbauten, die zumeist sehr eindrucksvoll waren, Kunstwerke von hohem Rang. Dennoch ist der einfache Steintisch, gestützt auf eine oder auf vier Säulen, wie wir ihn freistehend vor dem Hintergrund der Apsismosaiken heute noch in den alten Kirchen Ravennas finden, ein Zeichen von bezwingender Kraft.

Viele der heute errichteten Altäre sind zwar schlicht, entbehren aber jenen „Glanz edler Einfachheit", den das jüngste Konzil der gesamten Liturgie der Kirche zugedacht hat. Was wird da nicht alles abgestellt und abgelegt an unzusammenhängendem Vielerlei: Leuchter, Blumentöpfe, Bücher, Zettel. Ein Blick in den neuen Ritus der Kirchweihe und der Altarweihe müßte eigentlich genügen, um vieler Geschmacklosigkeit ein Ende zu bereiten.

Bei der feierlichen Weihe eines Altares wird in dessen Mitte und an den vier Ecken Chrisamöl ausgegossen und hierauf der ganze Altartisch gesalbt: Der Altar ist das Symbol für Christus, den Messias, was in Übersetzung „der Gesalbte" bedeutet. Hierauf wird auf der Altarplatte Weihrauch verbrannt: Zeichen für die von hier zu Gott aufsteigenden Gebete. Schließlich werden Lichter entzündet und auf den Altar gestellt mit den Worten: „Christi Licht leuchte auf dem Altar, es strahle wider im Leben aller, die teilhaben am Tisch des Herrn." Unter der Altarmensa werden in der Regel auch Reliquien beigesetzt: Erinnerung an das Lebensopfer der Heiligen, das aus dem Opfer Christi entspringt.

Festgefügte Altäre, wie die Kirche sie haben will, sind Orte, an denen Heimatsuchende sich aufhalten und anhalten können.

So will ich zum Altar Gottes treten, zum Gott meiner jubelnden Freude. Auf der Harfe will ich dich preisen, Herr, mein Gott!

(Ps 43,4)

Gepriesen bist du, Herr, unser Gott, denn du hast das Opfer Christi, dargebracht auf dem Altar des Kreuzes, angenommen zur Erlösung der Menschen. Um das Gedächtnis dieses Opfers zu feiern, rufst du dein Volk voll Liebe zusammen um den Tisch deines Sohnes. Schau herab auf diesen Altar, den wir errichtet haben für die Feier der Eucharistie; er sei die Mitte unseres Lobens und Dankens. Er sei der Altar, an dem wir das Opfer Christi unter heiligen Zeichen begehen. Er sei der Tisch, an dem wir das Brot des Lebens brechen und aus dem Kelch der Gemeinschaft trinken. Er sei der nie versiegende Quell unsres Heiles, das uns in Christus geschenkt ist. Zu Christus treten wir hin, zu dem lebendigen Stein; auf ihm wächst deine Gemeinde empor zu einem heiligen Tempel. Durch Christus weihen wir dir auf dem Altar unsres Herzens das Opfer eines heiligen Lebens zum Lob deiner Herrlichkeit. Dir sei Ruhm, Ehre und Lobpreis, jetzt und in Ewigkeit. Amen.

(Aus der Liturgie der Segnung eines Altars)

Das Kreuz

Auf dem Weg durch die Altstadt Roms begegnete ich vor Jahren einer dunkelhäutigen jungen Frau, die sich ein Kreuz von grüner Farbe auf die Stirn geschrieben hatte. Da der mich begleitende Priester ein Kenner der orientalischen Kirchen war, konnte ich ihn fragen, was dieser Brauch bedeute. Er sagte, die Frau sei einer der vielen in Rom lebenden Flüchtlinge aus Äthiopien. Diese Leute hätten fast alles verloren, aber ihren christlichen Glauben hätten sie bewahrt.

Viele junge Leute tragen heute ein Kreuz an Band oder Kette auf der Brust oder an einem Ring im Ohr. Oft ist das nur Ausdruck einer Mode oder ein Talisman. Bei nicht wenigen ist dieses von den Eltern oder von Freunden geschenkte oder vielleicht von einer Fahrt nach Rom, Assisi oder Taizé mitgebrachte Zeichen aber Ausdruck eines Bekenntnisses: Ich bin Christ, ich will meinen Glauben nicht verstecken, und ich versuche, ihn ernstzunehmen. Manche alte Menschen haben ein Kreuz vorbereitet, das ihnen beim Sterben vor Augen gehalten und ins Grab mitgegeben werden soll. Albert Camus erzählt in seinem Roman „Die Pest" vom Sterben eines Priesters, des Jesuitenpaters Paneloux, der sich ein Kreuz geben läßt und seinem atheistischen Arzt sagt, er wolle allein sterben, denn er habe alles auf Gott gestellt.

Wie im Horizont des Islam der Halbmond, so ist in unseren durch christliche Tradition geprägten Ländern das Kreuz ein allgegenwärtiges Symbol am Rand von Wegen und Straßen, in Schulen und Krankenzimmern, auf Friedhöfen und selbstverständlich in jedem Kirchenraum. Manchmal ist es ein leeres Kreuz aus Holz oder Metall, zuweilen auch gefertigt aus kostbarem Material wie Elfenbein oder Edelmetall. Öfter ist es verbunden mit der Gestalt Christi als Leidendem, Sterbendem oder auch allem Leid bereits Entzogenem.

Vordergründig betrachtet ist das Kreuz nur ein Zeichen des Schreckens, ein Instrument zur Bereitung eines schrecklichen Todes. Es wird aber zum Zeichen der Tröstung und Zuversicht im Blick auf den jungen Mann aus Nazaret, der daran geheftet war und gestorben ist. Er ist nicht ein gescheiterter Idealist, sondern ebenso Menschen- wie Gottessohn. Im Ereignis seiner Auferstehung hat sich ein für allemal enthüllt, daß die Liebe stärker ist als der Haß, die Heiligkeit stärker als die Sünde, das Lamm Gottes stärker als die Menschenwölfe. Das Osterereignis verwandelt das dürre Kreuzesholz in einen Lebensbaum.

Es gibt großartige Kreuzbilder, die zugleich den Tod Jesu am Karfreitag und den Tod seines Todes zu Ostern darstellen. Ein solches Bild ist das große Mosaik in der römischen Kirche San Clemente, das einen jungen, aus dem Tod ins ewige Leben hinübergegangenen Christus zeigt, wie er, geheftet an einen mit Blüten und Früchten bedeckten Baum, leidüberhoben in Kreuzgestalt die Arme ausbreitet: „Seht das Holz des Kreuzes, an dem das Heil der Welt hing." Dieser Typus des Kreuzbildes sollte eine stärkere Verbreitung finden.

———

Nicht Malen und nicht Meißeln stillt die Not
der Seele mehr, nur jenes Gottes Liebe,
der uns vom Kreuz die offnen Arme breitet.

(Michelangelo Buonarroti, Abschied vom Leben)

Das Kreuz . . . setzt sich schlicht aus zwei Linien zusammen. Die Senkrechte, auch Gotteslinie genannt, ist einerseits in die Erde eingerammt, aber andererseits weist sie nach oben, als wenn sie die Verbindung herstellen wollte zwischen Himmel und Erde, zwischen sichtbarer und unsichtbarer Welt, zwischen Leben und Tod. Diese vertikale Kreuzeslinie ist wie eine Brücke zwischen Gott und den Menschen, die aus der Welt des Lichtes in das Reich der Finsternis führt und sich tief in unsere Erde hineinbohrt. So bleibt das Kreuz stehen bis zum Ende der Tage. Der heilige Bruno von Köln sagt aus dieser Erfahrung: „Stat crux, dum volvitur orbis!" Das heißt: Das Kreuz steht, die Welt vergeht.

(Kardinal Joachim Meisner, Spuren Gottes auf unseren Wegen)

Die Reliquien

In den Jahren seines öffentlichen Wirkens haben sich Menschen zu Jesus hingedrängt. Sie wollten ihn hören, sehen, aber auch berühren. „Alles Volk umdrängte ihn und suchte ihn zu berühren, denn eine Kraft ging von ihm aus, die alle heilte", liest man im Lukasevangelium (Lk 6,19). Eine seit zwölf Jahren an Blutfluß leidende Frau trat inmitten einer Volksmenge unbemerkt zu Jesus, berührte den Saum seines Mantels und wurde sogleich gesund, berichtet wieder der Evangelist Lukas, von dem man sagt, er sei auch Arzt gewesen (Lk 8,43–48).

Der Wunsch, den Heiland körperlich zu berühren, bezog sich später auch auf Menschen, die mit ihm besonders verbunden waren. Die Apostelgeschichte erzählt, daß man Kranke mit ihren Bahren an den Rand der Straßen legte, damit, wenn der Apostel Petrus vorbeiginge, wenigstens sein Schatten auf sie fiele und eine Heilung geschähe. Mit Zorn wehrten Paulus und Barnabas in der kleinasiatischen Stadt Lystra Heiden ab, die ihnen nach der im Namen Jesu vollbrachten Heilung eines Lahmen göttliche Ehren erweisen wollten (Apg 14,8–18).

Bald schon hoffte man, daß auch die Berührung von Reliquien, also von Überresten toter Leiber christlicher Heiliger oder von Kleidern und anderen Gegenständen aus ihrem Gebrauch, heilende Kräfte freisetzen würde. Damit stellte man sich in eine religionsgeschichtliche Tradition, die auch den Buddhismus, Lamaismus, Islam und die antiken Religionen umgreift.

Anfangs hatten die Christen Scheu davor, die Gräber der Märtyrer zu öffnen und deren Leiber oder Teile davon zur Verehrung in Kirchen zu übertragen. Später wurde diese Scheu abgelegt, was freilich manchmal auch zu argen Mißbräuchen führte: zu magisch-abergläubischem Umgang mit diesen ehrwürdigen Resten, zur Fälschung von Reliquien und zu geldgierigem Handel mit ihnen. Diese Mißbräuche sollten aber nicht die Legitimität des Wunsches nach einer Begegnung mit dem Heiligen vergessen lassen, die

DIE GLOCKE

Weithin hörbar ist das Geläute der alten Wallfahrtskirche
Maria Saal über dem Zollfeld in Kärnten. Sechs Glocken
vereinen sich an Hochfesten zu mächtigem Klang.
Die größte von ihnen hat ein Gewicht von 6600 Kilo und
wurde im Jahr 1687, nach dem Ende der Türkenkriege,
gegossen. Erz aus Kanonen dieser Kriege ist in sie
eingeschmolzen worden.

sich nicht nur in Gedanken und Wort, sondern auch in Sehen und Berühren ereignet. Zum Kern der christlichen Botschaft gehört ja die Verkündigung, daß Gott in Christus Mensch geworden ist, also sichtbar, hörbar und berührbar.

Heute gibt es weltweite Aufmerksamkeit für eine Reliquie, deren Echtheit von vielen bestritten, von anderen behauptet wird. Es handelt sich dabei um das sogenannte Turiner Leichentuch, in welches die Abdrücke des Leichnams eines gekreuzigten Mannes geprägt sind. Das auf dem Negativbild erkennbare Antlitz dieses Toten wird als ein ikonenartiges Christusbild von vielen verehrt.

„Ohne Jesus gesehen zu haben, liebt ihr ihn", schreibt der Verfasser des ersten Petrusbriefs an Christen in der Diaspora Kleinasiens (1 Petr 1,8). Reliquien können wichtige sichtbare Hilfen dazu sein, daß Menschen Heiligem näherkommen, das sich dem Blick entzogen hat.

———

Grenzenlos und unvergleichlich ist die Fürsorge des gütigen Gottes für die Menschen . . . er hat uns auch die Reliquien der heiligen Märtyrer gegeben. Ihre Seelen nahm er zu sich . . . Ihre Leiber aber ließ er uns bis heute zur Ermahnung und Ermutigung zurück. Wenn wir zu den Gräbern dieser Heiligen kommen, sollen wir zu Eifer und Nachahmung ermuntert werden . . .
(Johannes Chrysostomus, Taufkatechesen)

Nicht leicht war zu glauben, dies . . . sei jemals ein Glied der rechten Hand des Juan de Yepes gewesen, sei im Jahr 1567 vom Bischof von Salamanca mit dem heiligen Öl gesalbt worden, habe der heiligen Therese von Avila den Segen erteilt und sich über ein Pergamentblatt bewegt, um die unvergeßlichen Verse niederzuschreiben, die beginnen: In einer dunkeln Nacht . . .
(Bruce Marshall im Roman „Du bist schön meine Freundin"
über eine Reliquie des heiligen Johannes vom Kreuz)

Kathedra und Priestersitz

Das Lukasevangelium berichtet vom Auftreten Jesu in der Synagoge seiner Heimatstadt Nazaret. Man reichte ihm die Schriftrolle mit dem Text des Propheten Jesaia. Er las daraus vor, gab das Buch dem Synagogendiener zurück, setzte sich und legte für die anwesende Gemeinde den Text aus (Lk 4,16–21). Und im Bericht des Matthäusevangeliums über die Bergpredigt heißt es: „Als Jesus die vielen Menschen sah, stieg er auf einen Berg. Er setzte sich, und seine Jünger traten zu ihm. Dann begann er zu reden und lehrte sie" (Mt 5,1–2).

Das Sitzen ist in vielen Kulturen die Körperhaltung des Lehrers und des Richters. Im Gottesdienst der Kirche gilt dies besonders für den Bischof. Er sitzt nach alter liturgischer Ordnung auf der Kathedra, wenn er nicht zur eigentlichen Eucharistiefeier am Altar steht; und er predigt von der Kathedra aus sitzend oder stehend. Der Sitz des Bischofs ist umgeben von den Sitzen der Priester.

Die Kathedra der Bischöfe hat sich aus dem Amtssitz der antiken Lehrer und Richter entwickelt. Sie ist aus Holz oder Stein gefertigt. In alten Kathedralen hatte sie ihren Platz im Scheitel der Apsis hinter dem Altar, war als sichtbarer Ausdruck der bischöflichen Autorität auf Stufen erhöht und oft durch einen Baldachin ausgezeichnet. Dies war eine Konsequenz des bevollmächtigenden Wortes Jesu an die Jünger: „Wer euch hört, der hört mich" (Lk 10,16).

Vom Wort Kathedra leitet sich der Name für die Bischofskirche ab. Sie heißt meist Kathedrale, wenngleich auch die Bezeichnung Dom häufig gebraucht wird. Manche Kathedra ist ein Kunstwerk von besonderem Rang. Mit Reliefs geschmückte Platten aus Elfenbein oder Edelmetall umgeben einen Kern aus Holz. Steinerne Kathedren zeigen oft Löwen als „Thronassistenz", wohl in bezug auf Bibelworte, die Gottes Schutz verheißen: „Du schreitest über Löwen und Nattern, trittst auf Löwen und Drachen" (Ps 91,13). Besonders eindrucksvoll ist die barocke Gestaltung der

Kathedra Petri an der Stirnseite des Petersdoms in Rom. Der geniale Giovanni Lorenzo Bernini hat sie geschaffen. Der mit einer Hülle aus Bronze umkleidete Sitz des Apostels Petrus ist hoch über den Boden erhoben und von Apostel- und Engelsfiguren umgeben. Über der Sedia öffnet sich an der nach Westen ausgerichteten Wand ein Fenster, in welchem als Symbol des dem Apostel verheißenen Heiligen Geistes eine Taube, umgeben von einem Strahlenkranz, dargestellt ist.

Weniger hervorgehoben als der Amtssitz des Bischofs ist der Sitz des Priesters, wenn er den Gottesdienst leitet. Die Liturgiereform im Gefolge des II. Vatikanischen Konzils sieht vor, daß es einen Priestersitz geben soll, der von allen Gläubigen gut gesehen werden kann und deutlich macht, daß der Zelebrant Vorsteher der ganzen versammelten Gemeinde ist. Ein solcher Sitz hat seinen Ort in der Regel seitlich des Altares mit Blickrichtung zum Volk.

Das Sitzen ist aber, zumal in der Liturgie, nicht nur die Haltung des Lehrenden, sondern mehr noch Haltung der Hörer, die Wort und Gesang aufnehmen und betrachten.

In manchen liturgischen Gemeinden nimmt man sich nach dem Vorbild der alten Kirche wieder viele Stunden Zeit für dieses sitzende Hören und singende Antworten auf das Wort Gottes und seine Deutung. Dies gilt besonders für die Liturgie der Osternacht und für die Liturgien der vom Kloster Taizé ausgehenden geistlichen Jugendbewegung.

———

Der Sitz des Priesters . . . ist der Gemeinde zugewandt und leicht erhöht, damit alle den Priester . . . als Vorsteher sehen und erkennen können. Dies . . . hat tiefe, spirituelle Bedeutung, weil die immerwährende Gegenwart Christi in seiner Kirche in besonderer Weise in den liturgischen Handlungen zur Geltung kommt, hier „in der Person dessen, der den priesterlichen Dienst vollzieht".

(Heinrich Ségur, Die Meßfeier)

Ambo und Kanzel

Der Tisch des Wortes Gottes möge den Gläubigen reichlicher gedeckt werden, hat das II. Vatikanische Konzil gewünscht. In der kirchlichen Liturgie steht der Rede von einem Tisch des Wortes die Rede von einem Tisch des Brotes gegenüber. Gemeint ist damit der Altar. Den beiden Hauptteilen der Meßfeier – Wortgottesdienst und Eucharistiefeier – ist je auch ein eigener Ort als Zentrum ihres Vollzuges zugeordnet: der Ambo als Zentrum des Wortgottesdienstes und der Altar als Mitte des Opfermahles.

Christus ist in seiner Kirche immer gegenwärtig, hat das Konzil gesagt und dabei betont, daß er besonders in den liturgischen Handlungen zugegen ist. Gegenwärtig ist er im Opfer der Messe in der Person des Priesters und vor allem in den eucharistischen Gestalten Brot und Wein. Er ist aber auch wirksam anwesend im Wort, das er selbst spricht, wenn die heiligen Schriften in der Kirche gelesen werden. Ort dieser Verkündigung ist heute meist der Ambo, von dem aus die Lesungen, der Antwortgesang und das Evangelium vorgetragen werden. In der Osternacht wird auch das große Osterlob, das Exsultet, hier gesungen. Die Predigt der Meßfeier soll Auslegung und Aktualisierung der am Ambo verkündeten biblischen Texte sein. Sie kann daher ebenfalls am Ambo oder auch vom Sitz des Priesters aus gehalten werden. Der Bischof sollte entsprechend einer sehr alten Tradition nach Möglichkeit auf seiner Kathedra sitzend predigen. Am wichtigsten ist in jedem Fall, daß das Wort der Verkündigung gut hörbar und daß der Verkündende gut sichtbar ist.

Angesichts der heute gegebenen Vielfalt alter und neuer Kirchenräume gibt es keine einheitliche Regelung für den Ort des Ambo. Man wird stets vom vorgegebenen Raum ausgehen und dessen Eigenart bestmöglich nützen müssen. Im Laufe der Geschichte des Kirchenbaues hat man dafür sehr unterschiedliche Lösungen gefunden. Um die Würde des hier verkündeten göttlichen Wortes hervorzuheben, wurde der Ambo oft durch Stufen erhöht. Darauf verweist auch der Name Ambo. Er leitet sich vom griechischen Wort „anabainein" her, das ein Hinaufsteigen bedeutet. Ambonen wurden und werden meist künstlerisch gestaltet. Häufig hat man dafür das Adlersymbol gewählt als Hinweis auf das Johannesevangelium. Mancherorts trägt ein aus Stein geformter Adler auf seinen ausgebreiteten Flügeln das Pult für das Buch mit den biblischen Lesungen der Messe. So auch im Dom von San Marco in Venedig.

Während der Ambo seinen Platz meist in der Nähe des Altares hatte, wurde die später entstandene Kanzel näher zur Gemeinde in das Kirchenschiff hineingestellt. Sie diente und dient allein der Predigt. Mit ihrer Entfernung vom Altar verlor die Predigt bei der Eucharistiefeier oft auch ihren Charakter als Homilie, die auf die biblischen Texte des Tages bezogen ist. Manch hohles Pathos hat dadurch Platz gegriffen. Im ganzen ist aber die Tradition der Kanzelpredigt eine großartige. Das Betrachten der Kanzeln in Domen, in Kirchen der Bettelorden oder in barocken Wallfahrtskirchen erweckt Vorstellungen von Predigten der großen Kanzelredner in einer langen Reihe von Bernhard von Clairvaux über Savonarola zu Abraham a Sancta Clara und bis ins 20. Jahrhundert.

Unzählige Kanzeln haben sich aus der Zeit der Gotik und Renaissance und vor allem aus der Epoche des Barock in den katholischen Kirchen erhalten. Meist sind sie geschmückt mit Statuen, Reliefs und Gemälden, die auf biblische Aussagen über die Verkündigung des göttlichen Wortes Bezug nehmen. Besonders oft begegnet man Darstellungen des Gleichnisses vom Sämann: Ein Sämann ging aus, um zu säen. Wer dieses Bild sieht, ist gefragt, ob er dem Wort Gottes in seinem Herzen einen fruchtbaren Boden bereiten will.

Das spirituelle und künstlerische Erbe dieser Kanzeln darf nicht preisgegeben werden. In den Jahren nach dem jüngsten Konzil sind viele Kanzeln einer Art von Bildersturm zum Opfer gefallen. Auch die Umgestaltung von Kanzelkörben zu Ambonen bewirkte ja die Zerstörung oder Beseitigung mindestens eines Teiles der alten Kanzel. Mit den verbliebenen Kanzeln sollte man sorgsam umgehen und sie bei manchen Gottesdiensten, zumal bei Andachten mit Predigt, wieder verwenden.

Das Drängen des Konzils, es möge der Tisch des Wortes in der Kirche wieder reichlicher gedeckt werden, darf nicht mißverstanden werden, als wäre es einfach ein Auftrag zur Vermehrung des Wortes in der Liturgie. Vielerorts hat sich ja eine liturgische Geschwätzigkeit eingeschlichen, die das heilige Wort und die Dimension des Heiligen überhaupt verstellt, statt es zu erschließen und zum Leuchten zu bringen. Die neuen Ambonen und die alten Kanzeln warten jederzeit auf Prediger, die das Wort im weiten Bogen zwischen sanfter Weisheit und prophetischem Zorn so verkünden, daß Ohren und Herz der Hörenden sich auftun und geöffnet bleiben.

———

Links oder rechts vom Altar befindet sich der Ambo. Er ist nicht irgendein Pult, von dem aus irgendwer irgendwelche Texte verliest, sondern er ist der „Ort des Wortes", d. h. der Ort, von dem aus im Wortgottesdienst im Auftrag der Kirche das Wort Gottes verkündet und gegebenenfalls durch einen Priester oder Diakon in einer Homilie ausgelegt wird . . .
Der Ambo ist feststehend, also kein einfaches, tragbares Lesepult. Er ist künstlerisch sorgfältig gestaltet, entsprechend groß und bildet mit dem Altar eine stilistische Einheit. Dadurch wird betont, daß die Feier der Messe zwei Schwerpunkte hat: den Wortgottesdienst und die Feier der Eucharistie.

(Heinrich Ségur, Die Meßfeier)

„Verkündet das Evangelium jeglicher Kreatur" (Mk 16,15). Mit dem Ausdruck „jegliche Kreatur" ist der Mensch gemeint, denn er hat von jeder Art von Geschöpfen etwas an sich. Er hat das Dasein gemeinsam mit den Steinen . . ., das Fühlen mit den Tieren und das Erkennen mit den Engeln. Schon wenn es nur dem Menschen verkündet wird, wird das Evangelium also aller Kreatur verkündet.

(Papst Gregor der Große)

Der Kelch

Beim Hauptgottesdienst des Österreichischen Katholikentages 1983 im Wiener Donaupark verwendete Papst Johannes Paul II. den aus dem 9. Jahrhundert stammenden und im Stift Kremsmünster aufbewahrten Tassilokelch. Außer diesem ehrwürdigen Gefäß sind in Europa noch viele andere kostbare alte Kelche erhalten geblieben. Sie alle erinnern an jenen Becher, den Jesus am Ende des letzten Abendmahles erhob, als er den Lobpreis sprach, den Jüngern den Becher reichte und sagte, dies sei sein Blut, das für die Jünger und für die vielen vergossen werde zur Vergebung der Sünden (Mt 26,27 f.).

Der Kelch des Abendmahles weist voraus auf das Leiden und Sterben Jesu am folgenden Karfreitag und ist so jener bittere Kelch, um dessen Vorübergang Jesus in Todesangst blutschwitzend den Vater bitten wird (Mt 26,39). Der Leidenskelch ist jener Zornesbecher, den die sündige Menschheit verdient hat und den Jesus stellvertretend bis zur Neige leert. „Ich, mein Herr Jesus, habe dies verschuldet, was du erduldet", wird in einer Strophe des alten Passionsliedes „Herzliebster Jesu" gesungen.

Der Abendmahlskelch ist aber zugleich ein Freuden- und Segensbecher. Er verweist auf jenes ewige Leben, das oft im Bild eines Freudenmahles beschrieben wird. Darum sagt Jesus im Bericht des Matthäusevangeliums über das Abendmahl: „Ich werde von nun an nicht mehr von der Frucht des Weinstocks trinken, bis zu dem Tag, an dem ich von neuem mit euch davon trinke in meines Vaters Reich" (Mt 26,29).

„Könnt ihr den Kelch trinken, den ich trinken werde?" fragt Jesus die Jünger Jakobus und Johannes, die sich um die Plätze zu seiner Rechten und Linken beim Mahl des kommenden Gottesreiches bemühen (Mk 10,38). Der Jünger Christi, der Martyrer, trinkt in der Nachfolge Christi in vollen Zügen aus dem Leidenskelch. Er erlebt aber auch immer schon die Freude des Himmels aus einer tiefen Gewißheit, in Gott geborgen zu sein. Das Trinken aus dem Freudenbecher kann den Trinkenden fähig machen, selbst eine Quelle der Freude zu werden, ein Gefäß mit „neuem

Wein", woran andere sich erquicken können. Hier gilt das Wort des heiligen Augustinus an die zur Kommunion herantretenden Christen seiner Gemeinde: „Empfanget, was ihr seid (ein einziger Leib), und werdet, was ihr seht": Christus in Gestalt von Brot und Wein für das Leben der Welt.

Den Kelch in der Meßfeier erheben und anderen am Kelch des Herrn Anteil geben ist einer der wichtigsten Vollzüge im Wirken eines Priesters und Bischofs. Im Mittelalter war es daher Brauch, Bischöfen und manchmal auch Priestern einen schlichten Kelch aus Zinn, Blei oder Wachs in das Grab mitzugeben. Im übrigen sind aber die Kelche für die Eucharistie seit langem kostbarer und meist aus Metall gefertigt, das durch Silber oder Gold veredelt ist. Diese Kostbarkeit ist ein Abglanz dessen, was sie bergen.

———

Du deckst mir den Tisch angesichts derer, die mich bedrängen.
Du salbst mit Öl mein Haupt, mein Becher ist übervoll.

(Ps 23,5)

Höre unsere Bitten und segne diesen Kelch, der für die Feier der Eucharistie bestimmt ist. Segne auch alle, die aus diesem Kelch trinken, und hilf, daß sie im Alltag bezeugen, was sie im Gottesdienst verkünden.
Das gewähre uns durch Christus, unseren Herrn. Amen.

(Gebet zur Segnung eines Kelches)

Tabernakel und Ewiges Licht

Ein starkes und nie mehr vergessenes religiöses Erlebnis wurde mir in meiner Kindheit geschenkt, als ich eine Krankenhauskapelle betrat, die von geistlichen Schwestern betreut wurde. Das war vielleicht im Jahr 1941. Die Kreuzschwestern wurden in der Krankenpflege des öffentlichen Spitals meiner Heimatstadt dringend gebraucht, und daher war auch die Kapelle von den Machthabern nicht geschlossen worden. Blumen, brennende Kerzen, bestickte weiße Leinentücher und ein Duft von Weihrauch ließen das Kind, das ich damals war, den Kapellenraum als ein Stück einer anderen, geheimnisvollen und schönen Welt erleben. Wahrscheinlich war eben eine konsekrierte Hostie – sakramentaler Leib Christi in Brotgestalt – in einer Monstranz zur Anbetung durch die Schwestern und einige der ihnen anvertrauten Kranken sichtbar gemacht. Was ist es denn, das hier mit so viel Schönheit umgeben wird? So ungefähr werde ich wohl mich und vielleicht auch meine Mutter, die mich in die Kapelle begleitet hatte, gefragt haben.

Jesus Christus in der Gestalt des Brotes wird in der Kommunion empfangen, damit der so beschenkte Mensch selbst so etwas werden kann wie Brot für das Leben der Welt. Dazu bedarf es freilich einer langen und in Geduld angenommenen Reifung und oft auch einer schmerzhaften Läuterung. Als einen Weg, um das Mysterium der Eucharistie tiefer zu erfassen, gibt es in der Katholischen Kirche seit langem den Brauch, außerhalb der Feier der Messe in die Kirche zu kommen und vor dem Tabernakel betend zu verharren. Christus ist dort in der Gestalt des Brotes gegenwärtig, damit Kranken und Sterbenden jederzeit diese heilige Speise als Wegzehrung gereicht werden kann. Christus ist „gegen-wärtig", das bedeutet, er wartet auf die Menschen, die müde und verzagt kommen, um Stärkung und Tröstung zu empfangen. Christus wartet auch auf jene, die liebend kommen, um anzubeten und mit dem Wort des biblischen Propheten Samuel einfach zu sagen: „Herr, da bin ich!" (1 Sam 3,4.) Die katholischen Kirchen sind daher Orte einer spezifischen Gegenwart Gottes in seinem Sohn. Gott ist zwar allgegenwärtig, aber um des Menschen willen, der seine Geschichte und seine Grenzen hat, werden bestimmte Orte Anlaß zu einer unverwechselbaren Begegnung zwischen Gott und Mensch. „Dies ist ein bewohnter Ort", schrieb der evangelische Prior von Taizé, Roger Schutz, über die katholische Kirche dieses Dorfes, nachdem er dort zu einem langen Gebet vor deren Tabernakel eingekehrt war.

Solche bewohnten Orte sind Quellgründe beständiger spiritueller Erneuerung für einzelne und für Gemeinden von Christen.

Vor dem Tabernakel brennt ein beständiges, ein sogenanntes „Ewiges" Licht. Es zeigt dem in die Kirche Eintretenden an, daß Christus hier sakramental gegenwärtig ist. Es lädt ihn ein, Jesus durch das Beugen der Knie zu grüßen. Das leise flackernde Licht ist auch ein Symbol für die Unruhe im Herzen des aus dem Alltag kommenden Beters, die sich langsam mindert. Es soll nach dem Willen mancher Beter stellvertretend für sie und andere auch dann brennen, wenn kein Beter in der Kirche verweilt. Sie geben eine Spende für die Kosten dieses Lichtes und ahmen so jene Frau im Evangelium nach, die in liebender Verschwendung die Füße Jesu vor seinem Tod mit einer Fülle kostbaren Nardenöls gesalbt hat (Joh 12,3).

Die Anbetung ist ein Gradmesser der Liebe zu Gott und so auch zu den Menschen. Wenn die Tabernakel leer und die Orte der eucharistischen Anbetung öde werden, wird es kälter in einem Land, in einer Gesellschaft. Kirchen, die zum Konzerthaus oder zur Ruine geworden sind, stimmen sogar fühlsame Nichtglaubende traurig. Wer die Lichter vor den Tabernakeln am Brennen erhält, hilft verhindern, daß Liebe erlischt.

———

Sie standen noch auf dem Treppenabsatz vor der Pfarrhaustür, als eine Schar zerlumpter, ärmlicher Kinder schreiend und tollend aus der Pfarrschule die Straße heraufkam. Darunter barfüßige, schmutzige, und einige hatten Marmeladenringe um den Mund, aber alle Knaben, die Mützen aufhatten, nahmen sie ab, als sie an der Kirche vorbeigingen; sie wußten, daß Jesus im Tabernakel gegenwärtig war . . .
                                                    (Bruce Marshall, Alle Herrlichkeit ist innerlich)

Die Monstranz

„Je größer die Liebe ist, desto stärker wird auch die Anbetung", hat der am Ostersonntag 1955 in New York verstorbene Pater Teilhard de Chardin gesagt. Als Gelehrter der Naturwissenschaften öffnete er die geschichtliche Dimension des christlichen Glaubens in kosmische Weite.

In den geistlichen Schriften Teilhards ist mehrfach davon die Rede, daß ein in Anbetung versunkener Christ, ohne es selbst zu wissen, als eine Tür hin zur Mitte und Tiefe des Universums erlebt wird. Teilhard schreibt wörtlich: „In einer seiner Erzählungen stellt sich Benson vor, ein ‚Seher' komme in die alleinstehende Kapelle, in der eine Nonne betet. Er tritt ein. Da sieht er plötzlich, wie sich um diesen unbekannten Ort die ganze Welt verknüpft, bewegt, ganz der Richtung der Wünsche der armseligen Beterin anheimgegeben. Die Kapelle des Klosters war gleichsam zum Pol geworden, um den sich die Erde drehte. Um sich herum sensibilisierte ... die Betrachtende alles, weil sie glaubte; und ihr Glaube war wirksamer, weil ihre sehr reine Seele sie ganz in die Nähe Gottes stellte. Diese Dichtung ist ein ausgezeichnetes Gleichnis."

In einem ähnlichen Zusammenhang spricht Teilhard auch von der eucharistischen Anbetung, vom betenden Verharren vor der Hostie, die in einer Monstranz zur betenden Betrachtung sichtbar gemacht ist. In einem mystischen Erlebnis verwandelt sich diese Hostie, der sakramentale Leib Christi in der Gestalt des Brotes, zu einer Sonne, von welcher Strahlen ausgehen, die jenen flammenden Protuberanzen gleichen, die sich um das Gestirn Sonne breiten, das auf unserer Erde Leben ermöglicht.

Das Behältnis zum Zeigen der Hostie heißt Monstranz, entsprechend dem lateinischen Wort für zeigen, das „monstrare" lautet. Monstranzen gibt es seit der Zeit der Gotik und in weitaus größerer Anzahl seit dem Barock. Eines der eindrucksvollsten dieser kostbaren Kultgeräte wird im Loretokloster auf dem Hradschin in Prag bewahrt. Es ist die barocke Diamantenmonstranz. Sie wird auch „Prager Sonne" genannt, weil sie in leichter Asymmetrie wie eine Sonne gestaltet ist, von deren Rändern 53 unterschiedlich lange goldene Strahlen ausgehen, an denen mehr als 6000 kleine Diamanten befestigt sind. Diese Juwelen hatten vorher das Brautkleid der böhmischen Gräfin Kolowrat geziert und sind von ihr für die von ihr gestiftete Monstranz gewidmet worden. Aus Symbolen für die Liebe zweier Brautleute sind Symbole für die Liebe zu Gott an einem Gefäß geworden, das im Dienste der Anbetung steht.

Die eucharistische Anbetung vor Monstranz oder Tabernakel darf natürlich nicht die Bedeutung der Eucharistiefeier mindern. Jesus Christus begegnet den Christen und ihren Gemeinden zuerst im Geschehen der Eucharistie und erst dann bei der Anbetung außerhalb dieser Feier. Diese Anbetung kann aber das in der Messe Empfangene sehr vertiefen und ist ein geistlicher Schatz, der gerade in einer Zeit mit viel geistlicher Dürre und viel Einsamkeit zum Trost müder Seelen werden kann. Die katholischen Kirchen sollen möglichst oft und lange auch über die gemeinsamen Gottesdienste hinaus offen stehen, damit solche Anbetung geschehen kann.

———

Als er eines Tages in diesem Ort in der Kirche des erwähnten Klosters war, um die Messe zu hören, und als eben der Leib des Herrn erhoben wurde, sah er mit den Augen seiner Seele etwas wie hellglänzende Strahlen, die von obenher kamen. Zwar vermag er auch dies nach so langer Zeit nicht mehr weiter auszuführen. Aber was er damals mit seinem Verstand erschaute, war ganz eindeutig dies, daß er sah, wie Jesus Christus, unser Herr, im allerheiligsten Sakrament gegenwärtig ist. (Ignatius von Loyola, Der Bericht des Pilgers)

Dann kam der Augenblick, da der Bischof [in Lourdes] den jungen Kranken mit dem Allerheiligsten segnen sollte. Der junge Mensch sah die Monstranz mit jenem Glauben an, der den Blick des jungen Gelähmten, von dem das Evangelium erzählt, beseelt haben muß. Sobald der Bischof mit dem Allerheiligsten ein großes Kreuz beschrieben hatte, erhob sich der Kranke vollkommen geheilt aus seinem Rollstuhl, während die Menge Freudenschreie ausstieß: „Ein Wunder! Ein Wunder!" (Pedro Arrupe SJ, Mein Weg und mein Glaube)

tno uultu respicere digneris· et accepta
habere sicuti accepta habere dignatus es
munera pueri tui iusti abel Et sacrifi
cium patriarchae nostri abrahae Et qd̄
tibi obtulit summus sacerdos tuus
melchisedech sc̄m sacrificium immacu
latam hostiam·

Supplices te rogamus
omps̄ d̄s iube
ferri per ma
nus sc̄i an
geli tui in
sublime
altare tu
um inconspectu diuinae maiestatis
tuae Utquot quot exhac altaris parti
cipatione sacrosc̄m filii tui corpus et sanguine̅ sumpserimus·
omni benedictione celesti et gratia repleamur· Per xp̄m d̄m n̄r·

Memento etiam d̄ne et eorū qui nos pcesserunt cū
signo fidei· et dormiunt in somno pacis N· ipsis d̄ne
et omnibus in xp̄o quescentibus locum refri
gerii lucis et pacis ut indulgeas depre
camur· Per xp̄m d̄m n̄r·

Nobis quoque peccatoribus
famulis tuis demultitudine misera
tionum tuarum sperantibus partem
aliquam et societatem donare digne
ris Cum tuis sc̄is aplīs et martyribus·
Cum Iohanne Stephano Mathia
Barnaba· Ignatio· Alexandro Marcel
lino Petro· Felicitate Perpetua· Aga
tha· Lucia· Agna Cecilia Anastasia
Et cum omnibus sc̄is tuis Intra quor̄
nos consortium· non aestimator me
riti· sed ueniae quas largitor admitte· Per·

Per quem haec omnia d̄ne

DAS BUCH

Aus dem Kloster Reichenau oder aus St. Gallen stammt dieses
im 10. Jahrhundert entstandene Sakramentar, eine der kostbarsten Handschriften dieser Zeit. Das Buch ist mit vier Bildern aus-
gestattet, die das Handeln des Priesters bei der Eucharistiefeier
darstellen, und befindet sich heute in der Benediktinerabtei
St. Paul im Lavanttal.
(Foto: Ferdinand Neumüller, Klagenfurt)

Fenster wie Sonnen

Die Kathedrale von Chartres bei Paris gilt als die großartigste aller gotischen Kirchen. Ihre Westfassade wird beherrscht durch ein riesiges Rundfenster, das reich gegliedert ist. Um eine kreisförmige Öffnung im Zentrum sind zwölf kleinere Fenster wie Blütenblätter einer Blume angeordnet, die wiederum von zwölf Rundfenstern umgeben sind. Das Ganze ist umschlossen durch ein kreisförmiges steinernes Band.

An der Eingangsseite fast jeder gotischen Kirche von höchstem Rang gibt es ein solches Kreisfenster. Man nennt es üblicherweise Rosette, Rosenfenster. Ursprünglich sollte dieser Typos von Fenster ein Rad darstellen: das Glücksrad der Fortuna, das kreisende Lebensrad, welches den Menschen auf den Gipfel hebt und dann wieder stürzen läßt, oder das Rad des göttlichen Gerichtes.

Ab der Mitte des 12. Jahrhunderts ist das Rundfenster an der Westwand der Kathedrale nicht länger ein Symbol für das kreisende Schicksalsrad, sondern als ruhendes, in farbigen Scheiben erstrahlendes Sonnenrad ein Symbol für das Gestirn und für Christus, den die Kirche mit einem Wort des Propheten Maleachi als „Sonne der Gerechtigkeit" (Mal 3,20) besingt.

Der Kunsthistoriker Hans Sedlmayr hat darauf verwiesen, daß es in der Hochkultur Europas zwei Epochen gegeben hat, deren Kunst heliozentrisch, also durch das Sonnensymbol beherrscht war. Es ist die Zeit der Gotik vom mittleren 12. bis zum mittleren 13. Jahrhundert und dann die Zeit der Mittagshöhe des Barock um die Mitte des 17. Jahrhunderts, Zeit des sogenannten Sonnenkönigs, als Monstranzen wie Sonnen gestaltet wurden und eine Sonnenglorie rings um barocke Altäre und von Bernini auch über der Kathedra von St. Peter in Rom installiert wurde.

In den Glaswänden der gotischen Sonnenfenster findet man vor allem die Farben Blau – als Himmelsfarbe – sowie Rot und Gold – als Sonnenfarben. Die Portale unterhalb dieser Fenster wurden verstanden als Weg in die Sphäre des Himmlischen Jerusalem. Der Lichtraum der Kathedrale mit seinen vielen Fenstern sollte ein Abbild dieser himmlischen Stadt sein mit ihrer Synthese von neuem Himmel und neuer Erde.

Thomas von Aquin, der größte Theologe dieser Zeit, hat, Bezug nehmend auf den antik-griechischen Philosophen Aristoteles, gesagt: „Mag auch das Auge des Nachtvogels die Sonne nicht sehen, es sieht sie gleichwohl das Auge des Adlers." Wer in das Sonnenfenster einer Kathedrale blickt, der kann sich seelisch aus aller Erdenschwere in die lichte Höhe der Ewigkeit erheben.

———

Dreifaltigkeit, dreiein'ger Gott,
du Licht voll Glut und Seligkeit:
nun, da der Sonnenball versinkt,
geh du in unsrem Herzen auf.

(Vesperhymnus aus dem Stundengebet der Kirche)

Die Westfassade aber steht unter dem Leitgedanken der „Porta coeli" . . . In den . . . Gesamtsinn der „Porta coeli" fügt sich . . . auch die großartige Form des Radfensters ein, das bis ins Spätmittelalter die dominante formale Mitte fast jeder Kathedralen-Fassade bildet . . . die Fenster wirkten von innen „wie große glühende Sonnen, wie eine einzige Glorie, ein großer strahlender Heiligenschein um die göttliche Gestalt im Kernkreis . . .": das Rad ist Bild der Sonne, die Sonne aber ist Christus. Der primäre Sinn des Motivs – derjenige der Majestas Christi – wird überlagert von weiteren . . . Bedeutungen: Rad des Gerichts, Himmlisches Jerusalem, Weltall, Fortunarad . . .

(Hans Sedlmayr, Die Entstehung der Kathedrale)

Der Turm

„Damit die Erde hafte am Himmel, schlugen die Menschen Kirchtürme in ihn: sieben kupferne Nägel, nicht aufzuwiegen in Gold." So beschreibt der Dichter Reiner Kunze den Sinn der sieben Kirchtürme, die die Silhouette der alten Hansestadt Lübeck prägen, und den Sinn der Kirchtürme überhaupt. Sie sollen ein Zeichen sein, das Himmel und Erde verbindet. In den absteigenden Linien eines romanischen Turmes erblicken manche den architektonischen Ausdruck des Glaubens an einen Gott, der zu den Menschen kommt. Die aufsteigenden Linien eines Turmes der späten Gotik können dagegen den Wunsch des Menschen ausdrücken, zu Gott emporzusteigen.

Der Mensch, dieses Wesen mit aufrechtem Gang, sucht ja immer wieder das Größte, Wichtigste seiner Existenz in einer Übersteigung nach oben. So sind denn die Kirchtürme nicht nur Träger von Glocken, die man freilich nur hoch über den Dächern der Kirchen und Wohnhäuser festmachen kann, wenn sie weithin hörbar sein sollen. Die ersten Kirchtürme waren zwar wohl der Glocken wegen gebaut worden. Bald aber wurde der Kirchturm auch zum Zeichen der Transzendenz über das Irdische hinaus, „damit" – um nochmals Reiner Kunze zu Wort zu bringen – „die Erde hafte am Himmel".

Himmelsleitern wollten auch jene Türme sein, von denen die Bibel erzählt: die Stufentürme der Sumerer aus der Zeit um 3000 vor Christus. Auf der höchsten Stufe dieser Türme fand die heilige Hochzeit statt, die Vermählung zwischen Himmel und Erde. Einer dieser Türme blieb, nach biblischem Bericht, nicht eine Gestalt der Sehnsucht nach dem Himmlischen, dem Göttlichen, sondern verkehrte sich in ein Monument menschlicher Selbstbehauptung und sündhaften Stolzes. Vom Scheitern dieses Turmbaues in Babel an, so sagt die Bibel, verlor sich die Fähigkeit der Menschen und Völker, ohne Schwierigkeit miteinander zu reden (Gen 11,4–9).

Hoch über die Dächer der alten Innenstädte Europas ragen die Kirchtürme. Immer noch geben sie den Städten Mitte und Profil: der Wiener

Stephansturm oder der aus rotem Sandstein gefügte Turm des Straßburger Münsters, den Paul Claudel als über dem Elsaß leuchtende Kerze bezeichnet hat. Sie verweisen auf Gott, von welchem der von biblischen Gottesbildern freilich meist weit entfernte Dichter Rilke in seinem Stundenbuch gesagt hat: „Du bist der Tiefste, welcher ragte, der Taucher und der Türme Neid."

———

Der Name Gottes ist ein fester Turm; der Gerechte flieht zu ihm und ist geborgen.

(Spr 18,10)

Das Charakteristische einer mittelalterlichen Stadt . . . sind . . . die festen Mauern und Türme . . . Schon seit dem sechsten Jahrhundert . . . bestimmen sie im Westen die Außenerscheinung des Kirchengebäudes mehr und mehr, so daß schließlich die Vorstellung der „Kirche" bei uns mit der des Turmes . . . eng verbunden wird . . .

(Hans Sedlmayr, Die Entstehung der Kathedrale)

Nur eine Zeit habe es gegeben, in der die Menschen anscheinend wirklich schöne Dinge zu schaffen vermochten, nämlich das Mittelalter, als sie die Kirchen und Kathedralen bauten, und dazu seien sie nur deshalb befähigt gewesen, weil sie während ihres ganzen Wirkens und Werkens an Gott gedacht hätten, und daher seien so stattliche Kirchtürme und so himmlische Kirchturmspitzen aus ihren Händen entstanden . . .

(Bruce Marshall, Alle Herrlichkeit ist innerlich)

Die Glocke

„Lieber Erzbischof, schick uns eine Glocke", schrieb vor Jahren ein Mann aus einer psychiatrischen Klinik an den Wiener Kardinal.

Die Glocke, deren Klang hier auf so ergreifende Weise ersehnt wird, hat eine Stimme, die den Menschen aus allen Einmauerungen mitnehmen kann in die Weite und Höhe Gottes, in ein Leben in Fülle.

In den Städten hört man heute die Glocken kaum. Ihr Schall wird von den Mauern der hohen Häuser verschluckt. Sogar die Pummerin, die Riesenglocke des Wiener Stephansdoms, ist nicht auf weite Distanz zu hören. Und in manchen Teilen der Stadt Salzburg hört man die mächtigen Domglocken weniger deutlich als das Geschmetter der kleinen Glocke des Kapuzinerklosters hoch über der Stadt. Anders ist es in den Dörfern, wo die Menschen auch heute auf die Glocken hören und große materielle Opfer bringen, damit die Glockenstube des Kirchturms nicht leer sei.

„Vivos voco, mortuos plango, fulgura frango", lautet ein alter Glockenspruch: „Die Lebenden rufe ich, die Toten beklage ich, die Gewitter zerschlage ich." Gewitter müssen heute kaum noch von den Glocken zerschlagen werden. Hagelkanonen und ähnliches haben diese Aufgabe übernommen. Das Beklagen der Toten ist aber auch heute ein Dienst, der den Glocken aufgetragen ist und viele Menschen zu Spenden für die Anschaffung neuer Glocken veranlaßt. Der Gesang aller Glocken begleitet in den Landpfarren einen Trauerzug.

Die Glocken wollen und sollen aber vor allem die Lebenden rufen zu Gebet und Gottesdienst. Seit dem 7. Jahrhundert läuten sie am Morgen und am Abend und laden zum Gebet ein. Später kam das Mittagläuten hinzu. Die Glocken waren also mehr als nur die Uhren armer Leute. Sie waren Mahner und Rufer zum Gebet. Menschen, die nicht beten, brauchen die Glocken nicht und wollen sie oft nicht hören. Medien berichteten in den letzten Jahren wiederholt über Prozesse, die Nachbarn alter oder neuer Kirchen gegen das Glockengeläute angestrengt hatten.

Die Glocken laden besonders ein zum Gottesdienst, zur Feier der Eucharistie. Sie sind Boten des Auftrags Christi vom ersten Gründonnerstag: „Tut dies . . . zu meinem Gedächtnis" (1 Kor 11,25). Wer Ohren hat, zu hören, der höre. Wer Füße hat, zu gehen, der gehe. Und wer hungrig ist an Leib und Seele, der komme. Vielen Menschen läuten die Glocken freilich vergebens. Sie verstehen nicht recht, was im Gottesdienst gefeiert wird. So werden mancherorts auch die Glöckner müde. Sie läuten seltener. Sie drücken nicht einmal mehr regelmäßig auf die Knöpfe der elektrischen Läuteanlage. Die Ministranten, die ich bei Besuchen in kleinen alten Landkirchen manchmal mit vor Eifer gerötetem Gesicht an den Glockenseilen auf- und niederfahren sehe, sind – so hoffe ich – nicht „letzte Mohikaner", sondern eine Vorhut von Menschen, die die alten Zeichen, auch die Glocken, wieder beachten und verstehen wollen.

———

Und seine Glocken klangen
So voll, so hell, so rein;
Er goß auch Lieb und Glauben
Mit in die Form hinein . . .

(Wilhelm Müller, Der Glockenguß zu Breslau)

Wenn in der Neujahrsnacht die Glocken tönen, die heimgekehrten,
Mühselig hinaufgezogen in die geborstenen Türme
Die großen Glocken –
. . . eilt er, der Traumwanderer, mit dem Glockenwind, Sturmwind,
Über den zitternden Erdteil . . .
Hinaus schreit er, in die Welt schreit er, der Traumwanderer,
Aber keine Antwort tönt ihm zurück. Nur die Glocken,
Die Sturm singen und Frieden singen,
Die Tod singen und Weihnacht singen,
Die rätselhaften unausdeutbaren Glocken
Rufen noch immer
Mitternacht –

(Marie Luise Kaschnitz, Europa)

WORT UND SCHWEIGEN

Das Buch

Seit die Menschen schreiben können, haben sie insbesondere ihre Erfahrungen mit Gott der Schriftrolle, dem Buch anvertraut. Buch und Schriftrolle wurden so zur Heiligen Schrift. Ihr Wort ist das „andere Brot", denn der Mensch lebt, wie Jesus gesagt hat, nicht allein vom irdischen Brot, sondern von jedem Wort, das aus dem Munde Gottes hervorgeht (Mt 4,4).

Mit dem Behältnis dieses Wortes, mit dem Buch, sind die Christen von jeher behutsam umgegangen. Die Akten der Martyrer erzählen von Christen, die lieber den Tod erlitten, als dem heidnischen Richter die heiligen Schriften zur Zerstörung auszuliefern. Als heiligstes Buch gilt das Evangelium, das in vier Einzelevangelien gleichsam Christus selbst repräsentiert. Christus selbst spricht in ihm zu uns. Die Liturgie umgibt daher das Evangelium mit feierlichen Zeremonien. Es wird oft von Akolythen, die brennende Kerzen tragen, begleitet, durch Weihrauch geehrt und immer stehend angehört. Seine feierliche Verkündigung ist dem Priester oder dem Diakon vorbehalten. Dem Diakon wird dieses Buch bei seiner Weihe als Amtsinsignie überreicht.

Bei der feierlichen Weihe einer neuen Kirche empfängt der Bischof durch den Diakon das Evangelienbuch und ruft: „Das Wort Gottes erfülle dieses Haus!" Bei der Weihe eines Bischofs wird dem neuen Nachfolger der Apostel das geöffnete Evangelienbuch auf Haupt und Schultern gelegt. Das bedeutet die Gnade und Last, das Evangelium zu verkünden, sei es gelegen oder ungelegen. Und während der kirchlichen Konzilien und Synoden war und ist es Brauch, dem geöffneten Evangelienbuch inmitten der Versammlung einen Ehrenplatz zu geben. Das Wort Christi, ja Christus selbst, soll richten, was hier von Menschen unter Berufung auf ihn gesagt, gelehrt wird. So geschah es auch bei den jüngsten Konzilien im Vatikan.

Von schnell lesenden Menschen sagt man, sie verschlängen die Bücher. Der Prophet Ezechiel wurde, wie die Bibel berichtet, von Gott angewiesen, eine auf beiden Seiten beschriebene Buchrolle zu verschlingen (Ez 2,8–3,3). Dies sollte ausdrücken, daß er diese Worte in sein Herz aufnahm. Das Wort Gottes will zu Herzen gehen. Nicht allein der Mund redet da zum Ohr, sondern das Herz spricht zum Herzen.

In den Bibliotheken und Sakristeien alter Klöster und Dome sind Evangelienbücher, Bibeln und Meßbücher geborgen, die durch kunstvolle Schrift wie auch durch großartige Buchmalereien und Einbände hervorragen. Besondere Mühe gab man sich um die Ausschmückung der Anfangsbuchstaben und Anfangsworte der vier Evangelien und des Anfangs des Hochgebetes, des Kanons, im Meßbuch. In der Zeit nach dem jüngsten Konzil wurden die schönen alten Bücher, teilweise notgedrungen, teilweise auch aus Gedankenlosigkeit, durch Hefte und Zettel ersetzt. Der Altar und der Ambo wurden zum Untersatz einer Kollektion solcher Hefte und Zettel degradiert. Langsam wird wieder bewußt, daß dies den Verzicht auf das kostbare Symbol des Buches und so einen großen geistigen Verlust bedeutet. Neueste Ausgaben von Bibeln, Lektionaren und Meßbüchern versuchen wieder, durch die Schönheit des Drucksatzes und durch sorgfältige Ausstattung etwas von der Mühe mittelalterlicher Schreiber und neuzeitlicher Drucker um das heilige Buch in heutige Verhältnisse zu übersetzen.

———

So stieg ich hinauf ins Skriptorium . . . und begann, im Verzeichnis der Bücher zu blättern. Doch während meine Augen zerstreut über die Seiten des schweren Folianten glitten, beobachtete ich in Wahrheit die Mönche . . . Ja, sagte ich mir, das eben ist die Größe unseres Ordens: Jahrhundertelang haben Männer wie diese mit ansehen müssen, wie barbarische Horden einbrachen, ihre Abteien plünderten, ganze Reiche in Schutt und Asche legten, und doch oblagen sie unbeirrt weiter ihrer Liebe zu Pergament und Tinte, wälzten unbeirrt weiter kostbare Bücher und lasen . . . Worte, die ihnen tradiert worden waren durch die Jahrhunderte und die sie weitertradierten an die Jahrhunderte nach ihnen.

(Umberto Eco, Der Name der Rose)

Das Vorlesen im Gottesdienst

Als Jesus zur Zeit seines öffentlichen Wirkens erstmals wieder nach Nazaret gekommen war und am Sabbat zum Gottesdienst in die Synagoge ging, reichte man ihm die Schriftrolle mit den Worten des Propheten Jesaia, damit er daraus vorlese. Die Beauftragung zum Vorlesen war eine Ehrung und die Anerkennung einer geistlichen Autorität.

Auch im Gottesdienst der Kirche nimmt sich keiner selbst das Recht, aus der Heiligen Schrift vorzulesen. Jeder wird dazu in schlichter oder feierlicher Form beauftragt. Die feierliche Verkündigung des Evangeliums ist dem Priester und dem Diakon vorbehalten. Bei der Diakonatsweihe wird das Evangelienbuch mit folgenden Deuteworten überreicht: „Nimm hin das Evangelium Christi, zu dessen Verkündigung du bestellt bist. Was du liest, ergreife im Glauben; was du glaubst, das verkünde, und was du verkündest, erfülle im Leben."

Bei der Erteilung des Auftrages zum Dienst eines Lektors überreicht der Bischof dem Kandidaten die Heilige Schrift und spricht dabei: „Empfange das Buch der Heiligen Schrift und trage das Wort Gottes vor, getreu und vernehmlich, damit seine Kraft in den Herzen der Menschen sich auswirke."

„Kamen Worte von dir, so verschlang ich sie", hat der Prophet Jeremia zu Gott gesagt (Jer 15,16). Das Wort Gottes wird dem Propheten zum Brot, bevor er es anderen als „Brot" weitergeben kann.

Manches bei Gottesdiensten Vorgelesene oder Gepredigte geht an Ohren und Herzen vorbei, fällt zu Boden, wird vielleicht zertreten. Es erleidet das Geschick des Saatgutes, von dem Jesus im Gleichnis vom Sämann gesprochen hat (Lk 8,5). Der Grund dafür mag beim Hörer liegen oder auch bei dem, der vorliest.

Nicht leicht werde ich einen Gottesdienst in einer französischen Zisterzienserabtei vergessen, bei welchem ein nicht mehr ganz junger Mann, ein

Italiener, der bisher Diözesanpriester gewesen war, die feierlichen Gelübde in die Hände des Abtes ablegte. Der neue Mönch las dann auf französisch und italienisch das Evangelium vor. Es war das Gleichnis vom Schatz im Acker und von der kostbaren Perle. Und es war sein Text: Er hatte Christus gefunden als Schatz im Acker seines Lebens und als kostbare Perle auf dem Markt der Weltanschauungen und Lebensmodelle und verkündete dies nun inmitten seiner Verwandten und Freunde. Jedes Wort, das da in der Musik der beiden romanischen Sprachen vorgetragen wurde, war gedeckt durch die Existenz dessen, der es aus dem großen Evangelienbuch inmitten brennender Kerzen vorlas.

Bei manchen Gottesdiensten wird die Lesung so vorgetragen, als hätte der Lektor den heiligen Text vorher nicht gelesen, nicht betrachtet und daher auch nicht verstanden. Aber immer wieder gibt es Lektoren, oft junge Menschen, die so lesen, daß die Hörer das Haupt erheben und daß sich ihnen Mund und Herz auftun.

———

Wann immer in der Kirche die Heilige Schrift gelesen wird, spricht Gott selbst zu seinem Volk, und verkündet Christus, gegenwärtig in seinem Wort, die Frohbotschaft. Daher sind die Lesungen des Wortes Gottes eines der wesentlichen Elemente der Liturgie und sind von allen mit Ehrfurcht aufzunehmen. Zwar richtet sich Gottes Wort in den Lesungen der Heiligen Schrift an alle Menschen aller Zeiten und ist ihnen auch verständlich, doch wird seine Wirkkraft erhöht durch eine belebende Auslegung, die Homilie, die einen Teil des liturgischen Geschehens bildet.
(Römisches Meßbuch, Allgemeine Einführung)

DER ROSENKRANZ
Zum schlichten braunen Kleid der Mönche des Kapuzinerordens
gehört auch ein Rosenkranz aus hölzernen Perlen.
(Foto: Ferdinand Neumüller, Klagenfurt)

Die Litanei

Älter als das Christentum ist die Gebetsform einer Kette von Flehrufen, die ein Vorbeter spricht oder singt, dem dann die Gottesdienstgemeinde im Chor antwortet. Man nennt sie Litanei. Dieser Name ist hergeleitet vom griechischen Wort „litaneia" und bedeutet Flehgebet. Die erhabene Monotonie dieses Gebetes öffnet die Tiefen der Seele, ohne daß jeder einzelne Ruf bewußt mitvollzogen werden müßte, und schließt die betende Gemeinde vielleicht stärker zusammen, als andere Gebetsweisen es vermögen.

In der Katholischen Kirche wird das wichtigste Gebet dieser Art heute Allerheiligenlitanei genannt. Sie heißt auch Große Litanei, denn die Anrufung vieler Heiliger im ersten Teil ist nur ihr jüngstes Bauelement. Die Christusanrufungen im zweiten Teil und besonders die an Christus gerichteten Fürbitten des dritten Teils reichen in ihrem Inhalt hingegen zurück bis in die Zeit der frühen Kirche und in ihrer Form bis in vorchristliche Zeit. Diese Litanei ist als einzige in die offizielle Liturgie der Kirche aufgenommen worden. Sie wird gebetet bei der Weihe von Bischöfen, Priestern und Diakonen sowie bei der Weihe des Taufwassers in der Osternacht und bei der Weihe von Kirchen und Altären. Ein ganzer Chor von Heiligen mit Maria, der Mutter Christi, an der Spitze, wird angerufen mit dem Flehruf „Bitte für uns". Es folgen Bittrufe an Jesus, er möge die Beter von vielgestaltigen Übeln befreien. Am Ende bittet die Gemeinde in den großen Anliegen der Kirche und der ganzen Menschheit. Bischöfe, Priester und Diakone erinnern sich beim Hören und Mitbeten dieser Großen Litanei wohl immer wieder an den Ritus ihrer eigenen Weihe. Da lagen sie mit dem Gesicht zur Erde gewendet auf dem Boden ausgestreckt, während die Gottesdienstgemeinde die Litanei besonders auch für die Weihekandidaten sang.

Von großer Bedeutung ist in der Kirche auch die Lauretanische Litanei, die zum größten Teil aus Anrufungen an Maria, die Mutter Christi und Mutter der Kirche, besteht. Ihr Name ist abgeleitet vom italienischen Wallfahrtsort Loreto, wo sie im 16. Jahrhundert erstmals bezeugt ist. Maria wird angerufen als Sitz der Weisheit, als mystische Rose, goldenes Haus, Arche des Bundes, Pforte des Himmels, Morgenstern, Heil der Kranken, Zuflucht der Sünder und Trost der Betrübten und mit vielen anderen Rufen von poetischer Schönheit. Manche von ihnen sind zunächst unverständlich. Man müßte die Bibel und andere Quellen christlicher Frömmigkeit sehr gut kennen, wollte man sie sogleich verstehen. Aber diese Rufe bleiben im Gedächtnis haften. Sie sind wie Fenster, deren Bilder sich erst dann deutlich zeigen, wenn das Tageslicht sie ganz erhellt.

Litaneien sind monoton. Menschen, die von Unrast beherrscht sind, können mit solchen Gebeten wenig anfangen. Wer es aber versteht, gelassen zu sein, oder wer Gelassenheit wenigstens sucht, dem wird das Litaneigebet willkommen sein. Viele junge Menschen, für die Spontaneität und Improvisation beim Gebet sehr wichtig sind, nehmen andererseits auch die Geborgenheit im festgelegten Raum einer Litanei an. Man kann dies vor allem bei den großen Jugendtreffen der vom burgundischen Kloster Taizé ausgehenden geistlichen Bewegung erfahren.

Die literarische Gattung der Litanei hat ihren Platz in der Gebetssprache vieler Religionen. Sie ist heute keineswegs erschöpft. Immer noch entstehen neue Litaneien, und manche von ihnen haben den Rang von Dichtung, die bestehen bleibt.

———

. . . sie beteten, der Herr möge sich erbarmen, und Christus möge sich erbarmen, und der Herr möge sich erbarmen. Sie baten alle heiligen Engel und Erzengel . . . alle heiligen Patriarchen und Propheten . . . alle heiligen Apostel und Evangelisten um Fürbitte . . . Sie baten . . . alle Heiligen Gottes, sich einzusetzen für sie. Sie baten den Herrn, sie von Zorn, Haß und bösem Willen, von Seuchen, Hunger und Krieg zu befreien durch seine Taufe und sein heiliges Fasten, durch seine heilige Auferstehung und seine wunderbare Himmelfahrt. Sie beteten, der Herr möge sich erbarmen, und Christus möge sich erbarmen, und der Herr möge sich erbarmen.
(Bruce Marshall, Keiner kommt zu kurz)

Der Rosenkranz

Eine Gebetsschnur, die 59 „Perlen" aus Holz, Glas oder kostbarem Material und ein Kreuz miteinander verbindet – das ist der Rosenkranz. Für viele Katholiken ist dieses heilige Zeichen bei der Verrichtung des Rosenkranzgebetes ein kaum entbehrliches Instrument, das man dabei zur Hand nimmt und durch die Finger gleiten läßt. Solche Gebetsschnüre zur Begleitung langer Gebete gab und gibt es auch außerhalb des Christentums. So im Islam, wo die Gebetsschnur helfen soll, keinen der 99 Namen Allahs zu vergessen.

Es sind wohl Millionen von Katholiken, die täglich den Rosenkranz beten oder wenigstens einen Teil dieses langen Gebetes sprechen. In seiner Vollgestalt umfaßt das Rosenkranzgebet fünfzehn Teile mit je einem Vaterunser und zehn Ave Maria, die verbunden werden mit der Betrachtung von fünfzehn Mysterien des erlösenden Wirkens Gottes in Christus. In der Regel wird aber nur ein Drittel des gesamten Rosenkranzes gebetet, also fünf Vaterunser mit je zehn Ave Marie und der Nennung je eines der Mysterien des Lebens Christi. Entsprechend dem Inhalt dieser jeweils fünf Mysterien unterscheidet man den freudenreichen, den schmerzhaften und den glorreichen Rosenkranz. Der Beter bedenkt dabei die Stationen jenes Weges, den Maria mit Jesus gegangen ist: Jesus – Gottessohn und Menschensohn, empfangen durch den Heiligen Geist, getragen zu Elisabeth, geboren im Stall, im Tempel aufgeopfert und wiedergefunden, blutschwitzend, gegeißelt und mit Dornen gekrönt, das Kreuz tragend und gekreuzigt, von den Toten auferstanden, heimkehrend in seinen Ursprung beim göttlichen Vater, den Heiligen Geist in die Kirche ausgießend und Maria als Mutter der Kirche heimholend und krönend mit himmlischer Glorie.

Meist werden dem Rosenkranz das Apostolische Glaubensbekenntnis und drei Ave Maria mit der Bitte um Stärkung in den drei göttlichen Tugenden Glaube, Hoffnung und Liebe vorangestellt.

Vielen Katholiken ist das Rosenkranzgebet fremd. Vor allem jungen Menschen erscheint es oft als zu lang, als monoton. Große geistliche Meister in der Kirche haben aber gerade dieses Gebet besonders geliebt und haben versucht, es vielen ihrer Glaubensbrüder und -schwestern zu erschließen. In den weiten Bögen, die der Rosenkranz von einem Mysterium des Lebens Jesu und Mariens zum anderen spannt, hat der Betende immer Platz mit seinen eigenen Freuden und Sorgen und mit den Freuden und Sorgen anderer, für die er betet. Je mehr von der Gebetsschnur des Rosenkranzes dem Beter durch die Finger geglitten ist, desto größer wird zumeist auch der Friede in seinem Herzen. Es ist ein Friede, der sich zu anderen hin ausbreitet und der ein Stück Welt verwandelt und verklärt.

Das nur am Anfang als monoton erscheinende Rosenkranzgebet schafft immer neu einen Übergang vom mündlichen zum betrachtenden Gebet, hat Adrienne v. Speyr, eine Mystikerin des 20. Jahrhunderts, gesagt.

„Betet ohne Unterlaß", hat der Apostel Paulus den Christen von Thessalonich aufgetragen (1 Thess 5,17). Das frühe östliche Mönchtum der Kirche hat im Wissen um die Sinnhaftigkeit dieses Rates bald schon ein immerwährendes Gebet entwickelt, das, auf Jesus bezogen, sich mit dem Rhythmus des Atems und des Herzschlags verband und auch während der Handarbeit nicht unterbrochen wurde. Dieses beständige Beten war kein Plappern und kein magischer Versuch, göttliche Kräfte herbeizuzwingen. Vielmehr war es ein volles Eintauchen in das Mysterium der Vereinigung mit Gott. Der betende Mensch wurde so zu einer Quelle des Friedens und der geistlichen Freude. Das von einem Kartäusermönch erfundene Rosenkranzgebet der westlichen Kirche ist in seinem Ursprung verwandt mit diesem ostkirchlichen Jesusgebet. Sein Weg führt über Maria zu Jesus.

Das Rosenkranzgebet ist kein Teil der eigentlichen kirchlichen Liturgie der Kirche. Papst Pius X. hat den unsinnigen Brauch, während der sogenannten Stillen Messe den Rosenkranz zu beten, getadelt mit den Worten: „Ihr sollt nicht in der Messe beten. Ihr sollt die Messe beten."

Man kann den Rosenkranz überall beten. Besonders gern wird er aber gemeinsam oder allein im Kirchenraum gebetet. Sein „Werkzeug", die Gebetsschnur, ist daher ein heiliges Zeichen, das sich in das reiche Ensemble der besonders auf Gotteshaus und Gottesdienst bezogenen Symbole einfügt.

———

Vielleicht können wir der Zeit und Gottes Willen über ihr um einen Grad besser entsprechen, wenn wir uns zu den großen überpersönlichen Gebeten neigen, der heiligen Liturgie, dem Rosenkranz, den großen Litaneien. Sie tragen unser Flehen mit einer Kraft, die wir ihm nimmer zu geben vermöchten, mit der heiligen Macht der Kirche und all ihrer Beterscharen, empor. In diese Gebete strömt die Beschwernis unseres Herzens sich aus, wenn sie nur wahrhaft erlitten, in Wahrheit ein Anliegen ist, und Gottes Barmherzigkeit wird auch die Sprache der Leiden verstehen, deren wir uns nicht mehr bewußt sind: den Kummer, den wir nicht aussagen können und der gleichwohl ein Teil unseres Lebens ist, und das Drängen vergessener Toter in unserer Stimme.

(Reinhold Schneider, Geschichte und Landschaft)

Der Rosenkranz trägt den Charakter des Weilens. In ihm ist die Geborgenheit einer stillen, heiligen, um den Betenden sich zusammenschließenden Welt. Das wird besonders deutlich, wenn wir ihn etwa mit dem Kreuzweg vergleichen. Dieser hat die Gestalt eines Weges. Der Betende geht dem Herrn nach, von einer „Station" zur anderen, und hat am Schluß das Gefühl, am Ziel zu sein. Der Rosenkranz ist kein Weg, sondern ein Raum, und er hat kein Ziel, sondern eine Tiefe. In ihm zu weilen, tut gut.

(Romano Guardini, Der Rosenkranz Unserer Lieben Frau)

Das Singen im Gottesdienst

Dem heiligen Augustinus wird das Wort „Wer singt, betet doppelt" zugeschrieben. Der Bischof von Hippo wußte, daß beim Singen die tieferen Schichten des Herzens leichter in Schwingung geraten als beim bloßen Sprechen. Darum sind wohl auch die ältesten der in der Bibel enthaltenen Gebete zugleich Lieder. Es sind die vom singenden Beter David verfaßten oder ihm zugeschriebenen Psalmen. Hier kommt alles zu Klang und Sprache, was der Mensch zu sagen hat: Freude und Schmerz, Liebe und Haß, Angst, Hoffnung und Dankbarkeit.

Manche Menschen wissen nicht oder nicht mehr, daß sie singen können. Als sie ein Kind waren, konnten sie starke Gefühle nicht verbergen, konnten, ja mußten sie herzhaft lachen und weinen. Als sie ein Kind waren, haben sie wohl auch gesungen, mochte es auch nur ein kunstloses Trällern gewesen sein. Der Erwachsene kann seine Gefühle in hohem Maße verbergen. Manchmal muß er es auch. In der ersten Duineser Elegie hat Rilke von dieser Verbergung gesprochen: „Und so verhalt ich mich denn und verschlucke den Lockruf dunkelen Schluchzens." Solche Beherrschung des Gefühls kann freilich umschlagen in ein gefährliches Übermaß, das karg und kalt macht. Dagegen hat die Kirche durch Jahrhunderte ein Gebet um die Gabe der Tränen überliefert, ein Gebet um die Gabe des strömenden Weinens und Klagens, das den Schmerz wegwaschen hilft und für Tröstung offenhält.

Augustinus hat noch ein anderes Wort über das Singen gesagt: „Cantare amantis est – Singen ist eine Fähigkeit dessen, der liebt." Dieses Wort sagt wohl, daß die edelsten Lieder auf irgendeine Weise Ausdruck von Liebe sind: Das Loblied ist Ausdruck der Zustimmung zu Gott und Welt, das Klagelied ist Ausdruck enttäuschter, beraubter Liebe.

Ein riesiger Schatz an geistlicher Musik hat sich im Laufe von Jahrhunderten in der Kirche angesammelt. Er reicht von den Melodien des Gregorianischen Chorals bis zur Lukaspassion des Polen Penderecki, von der

Passionsmusik Johann Sebastian Bachs bis zur Psalmensymphonie von Igor Strawinski. Vieles von dieser Musik erlebt der durchschnittliche Christ nur als Zuhörer in Gottesdienst oder geistlichem Konzert. Dieser Christ soll sich aber beim Loben, Klagen, Bitten und Danken vor Gott nicht nur vertreten lassen. Er soll auch selber mitsingen. Alte und neue Kirchenlieder laden ihn dazu ein.

In einer Gemeinde, die verstanden hat, was die Liturgiereform des jüngsten Konzils eigentlich gewollt hat, gibt es keine Konkurrenz zwischen Chor und Volk, zwischen Kantor und Volk. Alle haben ihre unverwechselbare Aufgabe und ergänzen einander. Singend nehmen sie das ewige Leben bei Gott vorweg, das wieder Augustinus sich als ewiges, strömendes Lob vorgestellt hat: „. . . wir werden schauen, schauen und lieben, lieben und loben . . .", schreibt er am Schluß seines großen Werkes „Vom Gottesstaat".

––––

Preislieder singe zu Gott überall der ganze Erdkreis, der gnadenhaft befreit ist durch des Vaters Nachsicht . . .
(Notker von St. Gallen in der Freitagshymne der Osteroktav)

Eine Liebe ohne Lobpreis ist stumm, und erst recht ist ein Lobpreis ohne Liebe stumm, selbst wenn er von Engelszungen gesprochen würde.
(Johannes von Ford, Zisterziensermönch im 13. Jh.; Predigt zum Hohenlied)

Sobald ich schwieg, ertönte durch den Himmel
Ein wundersüßes Lied, und meine Herrin
Rief mit den andren: Heilig, heilig, heilig!
(Dante Alighieri, Die Göttliche Komödie)

Wie kann man den Menschen eine geistige Bedeutung, eine geistige Unruhe wiedergeben; etwas auf sie niedertauen lassen, was einem Gregorianischen Gesang gleicht!
(Antoine de Saint-Exupéry, Brief an einen General)

Ewiger Schweiger, Gott, und ewiger Hörer!
Preislied lobt Dich und Flehn der Betenden und der Beschwörer . . .
lobt Dich das Wispern im Schilf, das Rauschen der Küstenföhren,
lobt Dich der Kraniche Ruf und der Hirsche herrliches Röhren,
rieselnder Sand und raschelnder Igel im Laube,
wachsames Hähergeschrei und das zärtliche Gurren der Taube,
polternder Steinschlag und schnaubender Frühwind im Osten
und das Donnern des Eisgangs an Brückenpfeilern und Pfosten,
lobt Dich der goldenen Bienen Süße verheißendes Summen
und das brütende, schwüle, mittägliche Weltverstummen,
sanfter Aufprall der Früchte, die herbstlich zu Boden klopfen,
und des Brunnenwassers, des Blutes gemessenes Tropfen,
knirschender Kies und das schläfernde Plätschern der Quellen,
Brandung am Ufergestein und der Sturmflut Brüllen und Bellen,
lobt Dich der fernen Gewitter langsam verhallendes Grollen
und im März der Lawinen dumpf donnerndes Niederrollen . . .,
Sterbegesänge des Schwans und Morgenrufe der Hähne,
lobt Dich das Jauchzen der Kinder, der heisere Schrei der Hyäne . . .,
Zischen der Schlange, metallisches Zirpen der Grille
und im Münstergestühl des Nachts die vollkommene Stille,
lobt Dich das Seufzen und Säuseln der Äolsharfen im Garten
und das Flüstern der Luft in Blättern, Drähten, Standarten,
lobt Dich zur Heuzeit das schmetternde Sensengedengel,
lobt Dich das Flügelrauschen der Adler, der Greifen, der Engel . . .,
lobt Dich das leise Geblätter in Psaltern und Stundenbüchern
und in der Brise das Knattern von abschiedwinkenden Tüchern . . .,
loben Dich Klagegesänge, entrückten Herrschern zu Ehren,
und auf der Treppe die Schritte, die niemals mehr wiederkehren . . .
Alle Geräusche und Klänge der Welt, woher sie auch stammen,
strömen vieltausendstimmig in Eines zusammen,
steigen vereint mit Gebeten und preisenden Liedern nach oben,
Lobsang, wie Lobrauch, den Herrn der Schöpfung zu loben . . .

(Werner Bergengruen, *Lobsang und Lobrauch*)

Die Orgel

„Ihr Klang vermag den Glanz der kirchlichen Zeremonien wunderbar zu steigern und die Herzen mächtig zu Gott ... zu erheben", sagt die Liturgiekonstitution des II. Vatikanischen Konzils und bestimmt zugleich, dieses traditionsreiche Musikinstrument möge in der westlichen Kirche weiterhin hoch in Ehren bleiben.

Die lange Geschichte der Orgel reicht in vorchristliche Zeit zurück. Damals gelang es erstmals, die Hirtenpfeife des Pan mit dem Mechanismus einer Tastenreihe zu verbinden und mit Hilfe des bei der Sackpfeife vorgebildeten Balges zum Klingen zu bringen. Bescheiden waren die ersten Instrumente dieser Art: kleine, im Arm zu tragende Orgeln, die durch viele Jahrhunderte im Gebrauch blieben. Später entstand das größere Positiv, das zwar tragbar war, aber beim Spielen auf den Boden gestellt wurde.

Schon im 10. Jahrhundert baute man in England eine Orgel mit 400 Pfeifen. Ab dem 15. Jahrhundert kennt man die riesigen Prachtorgeln mit mehreren Klaviaturen für die Hände – Manuale genannt – und mit dem Pedal, der mit den Füßen zu bedienenden Klaviatur. Das im Jahr 1585 für die Marienkirche in Danzig erbaute Orgelwerk hatte nicht weniger als 3742 Pfeifen. Auch für das Gehäuse dieser Orgeln, zumal für dessen Schauseite, wurde viel künstlerische Anstrengung aufgewendet, Bildschnitzer und Maler wurden damit beauftragt. Nicht selten wurde der Orgelschrein mit bemalten Flügeln versehen. In der Fastenzeit, wenn die Orgel schwieg, konnte sie verschlossen werden wie ein Flügelaltar.

„Königin der Instrumente" nennt man die Orgel, und das Recht auf diesen Namen erweist sich, wenn sie dröhnend den Raum einer Kathedrale erfüllt; etwa mit den Klängen der Toccata und Fuge in d-Moll von Johann Sebastian Bach. Rauschende Tonkaskaden oder ein schlichtes Orgelpräludium, alles will Gottesdienst sein und den Menschen zum Loben, Bitten und Danken auf Gott hin befreien helfen.

Auf manchen Orgeltribünen und Orgelgehäusen sind Engelkinder dargestellt, die Musikinstrumente bedienen, oder aber der König David, Vorsänger der Synagoge wie der Kirche, mit der Harfe in Händen. Hier kommt zu bildlichem Ausdruck, was die Orgel zu Gehör bringt: Lob und Klage, Dank und Bitte. Im ewigen Leben aber wird es nur mehr das Lob geben. „Praeludium vitae aeternae" – Vorklang des ewigen Lebens: Diese Worte sind an das Gehäuse einer Orgel in Nordeuropa geschrieben. Sie sagen, daß die Orgel vor allem zum Lob Gottes bestimmt ist.

———

„C'est l'amour qui chante." In diesem Satz von de Maistre ist etwas gesagt über das Wesen von Gesang, Dichtung, Musik: daß all dies seinen Atem aus dem „impetus" der liebenden Zuwendung habe. Es ist aber auch etwas gesagt über das Wesen der Liebe selbst: daß sie nämlich sich nicht anders äußern könne als im Gesang, in der Dichtung, in der Musik – in der Windsbraut, die durch die Orgel stürmt.

(Josef Pieper)

In dieser festlichen Stunde bitten wir dich: Segne diese Orgel, damit sie zu deiner Ehre ertöne und unsere Herzen emporhebe zu dir. Wie die vielen Pfeifen sich in einem Klang vereinen, so laß uns als Glieder deiner Kirche in gegenseitiger Liebe und Brüderlichkeit verbunden sein, damit wir einst mit allen Engeln und Heiligen in den ewigen Lobgesang deiner Herrlichkeit einstimmen dürfen. Das gewähre uns durch Christus, unseren Herrn. Amen.

(Segensgebet bei der Weihe einer Orgel)

Das Bild

„Dir ward das erste Buch geschrieben, das erste Bild versuchte Dich", sagt der Dichter Rilke in seinem Stundenbuch auf Gott hin. Tatsächlich haben Schrift und Bild in den meisten frühen Kulturen auch eine religiöse Bedeutung. Göttliche Kräfte und Personen werden bildhaft dargestellt.

Das Judentum aber steht unter dem Verbot, sich von Gott ein geschnitztes oder gemaltes Bild zu machen. Damit grenzte sich das kleine Israel von den Kulten der Nachbarvölker und von deren Götter- und Götzenbildern scharf ab. Litaneiartig wird im 115. Psalm die Ohnmacht dieser Bilder dargestellt: „Die Götzen der Heiden sind nur Silber und Gold, ein Machwerk von Menschenhand. Sie haben einen Mund und reden nicht, Augen und sehen nicht; sie haben Ohren und hören nicht, eine Nase und riechen nicht ... Ihnen sollen gleich werden, die sie schaffen: alle, die den Götzen vertrauen" (Ps 115,4–6.8). Bildlos ist auch die nach dem Judentum und nach dem Christentum entstandene islamische Religion. In dieser Sicht ist Gott zu groß, als daß er in ein Bild eingehen könnte. Nun aber hat es Gott gefallen, Mensch zu werden, um den Menschen zu erlösen und zu vergöttlichen. Dies ist das Neue am Christentum und seine zentrale Lehre.

„Wer mich gesehen hat, hat den Vater gesehen", sagt Jesus zu Philippus (Joh 14,9). Jesus ist, wie Paulus später sagen wird, „die Ikone des unsichtbaren Gottes" (Kol 1,15). Das Christentum hat seither unzählige Bilder des Glaubens inspiriert. Zunächst waren es Bilder Christi und der Heiligen, später und nach längerem Zögern auch Bilder Gottes, des unsichtbaren Vaters, die freilich immer unter dem Vorbehalt größerer Unähnlichkeit als Ähnlichkeit gegenüber dem Dargestellten stehen. Die mittelalterlichen Maler und Mosaikkünstler ersetzten in den Bilderzyklen von der Erschaffung der Welt den Vatergott immer durch den jugendlichen Christus, weil der Vater ihnen nicht darstellbar erschien und weil ja Paulus gelehrt hat, daß alles in Christus erschaffen worden ist. Michelangelo stellte an der Decke der Sixtinischen Kapelle schließlich den Vater selbst als Schöpfer der Welt dar.

In der Geschichte des Christentums wurden Zeiten der Freude an den Bildern mehrfach durch Bilderstürme unterbrochen. So während des Bilderstreites in der alten Kirche und zur Zeit der protestantischen Reformation. Im Ganzen der Christenheit ist aber die Freude am Bild stärker als die Skepsis gegenüber aller Darstellung des Heiligen. Diese Haltung ist legitimiert durch die Menschwerdung Gottes in Christus.

Ein Ikonenmaler sah im Traum, daß die von ihm dargestellten Heiligen selbst in die Ikonen einzogen und so dem Abgebildeten Realität verliehen. In dieser Sicht ist das Bild nicht nur ein Verweis auf das Abgebildete, sondern hat auch Anteil an diesem Abgebildeten. Das Abbild des Heiligen kann so zum Gnadenbild werden.

„Alles Volk umdrängte ihn und suchte ihn zu berühren, denn eine Kraft ging von ihm aus, die alle heilte" (Lk 6,19), berichtet das Evangelium über Jesus. Diese Sehnsucht richtet sich bei vielen Christen auch auf Bilder, die Christus, sein Heil und seine Heiligen darstellen. Jesus Christus hat diese Sehnsucht nicht abgewiesen, sondern viele Male erfüllt.

———

Je häufiger sie (Christus, Maria, die Engel und die Heiligen) mittels der ikonischen Abbildung betrachtet werden, desto mehr werden diejenigen, die sie anschauen, zum Gedächtnis der Urbilder und zur Sehnsucht nach ihnen geführt, und dazu, diesen Darstellungen Liebesbezeugung und ehrfürchtige Verehrung . . . zu erweisen, nicht aber die wahre Anbetung . . ., die gemäß unserem Glauben allein der göttlichen Natur gebührt.
(VII. Ökumenisches Konzil = II. Konzil von Nizäa, 787)

DER WEIHRAUCH
Bei Gottesdiensten von großer Feierlichkeit wird Weihrauch in
sogenannten Weihrauchfässern verbrannt.
(Foto: Ferdinand Neumüller, Klagenfurt)

Das Schweigen

„Täglich umgeben mich Worte und Stimmen; vom vielen Reden sind sie ganz verdorben", sagt in der zeitgenössischen Nachdichtung eines biblischen Psalms (Ps 73) der Beter zu Gott. Und der vor einigen Jahren verstorbene jüdische Schriftsteller Manès Sperber hat kritisch angemerkt: „Unsere Epoche, die redseligste der Weltgeschichte, äußert sich ununterbrochen millionenfach – aber sie kommt nicht zu Wort."

Wem es gegeben war, Worte zu sagen, die Gewicht und Bestand haben, der hat allemal auch viel geschwiegen und ist im ganzen wohl mehr Ohr als Mund gewesen. Dies gilt schon gar für das Sprechen des Gottessohnes, der von sich gesagt hat: „Das Wort, das ich euch sage, ist nicht mein Wort, sondern Wort des Vaters, der mich gesandt hat" (Joh 12,49).

Jesu Wort, das Evangelium, steht in der Klammer des Schweigens. Bevor er anfängt, öffentlich zu reden, geht er an den Ort des Schweigens, in die Wüste. Dort formt sich in der einsamen Zwiesprache mit dem Vater im Heiligen Geist das Wort, das Jesus später den Menschen sagen wird: das dröhnende Wort, das ausfährt wie ein Schwert, und das sanfte Wort, das einer streichelnden Hand gleicht. Immer wieder wird aber dieses Reden Jesu unterbrochen werden durch Schweigen: Schweigen vor dem Vater und vor den Menschen, Verstummen vor den Pharisäern, die eine Ehebrecherin anklagen, und vor Pilatus.

Darum gibt es in der Nachfolge Christi neben der Tradition des Sprechens, des Verkündens in seinem Auftrag auch eine Tradition des Schweigens. Beides prägt die kirchliche Liturgie, ist in seiner Abfolge vergleichbar dem Rhythmus von Ein- und Ausatmen, von Ebbe und Flut. „Ich habe Hymnen, die ich schweige", liest man in Rilkes Stundenbuch. Auch die Liturgie birgt solche Schweigehymnen in sich. Dieses heilige Schweigen ist mehr als die Abwesenheit des Sprechens oder Singens. Es ist gesammelte „Gegen-wart", ein wartendes Sichausstrecken auf Gott hin. Es ist eine Haltung, die in den zur Schale geformten nach oben geöffneten Händen ihren schönsten Ausdruck hat. In dieser Haltung hat Samuel zu Gott gesagt: „Rede, Herr, dein Diener hört!" (1 Sam 3,10.)

Alles hat seine Zeit, auch das Reden und das lauschende Schweigen in der Liturgie. Diesem Schweigen wäre besonders nach dem Hören der Heiligen Schrift und ihrer Auslegung durch die Predigt wie auch nach dem Empfang der Kommunion Zeit zu geben. „Ich muß wieder schweigen, damit das Wort in mir wachse", hat der wortkarge Dichter Reiner Kunze Journalisten gesagt, die von ihm politische Stellungnahmen einmahnten. Auch die Christen sollten mehr schweigen, zumal in der Liturgie, damit das ewige und fleischgewordene Wort in ihnen und aus ihnen Gestalt annehmen kann.

————

Gott wird durch Schweigen geehrt – nicht weil wir von ihm nichts zu sagen oder zu erkennen vermöchten, sondern weil wir wissen, daß wir unvermögend sind, ihn zu begreifen. (Thomas von Aquin)

Ich habe viel und vielerlei gesagt. Und doch vieles vergessen und ungesagt gelassen . . . Aber das Ende wäre so oder so das Schweigen, in dem der ewige Lobgesang Gottes geschieht. (Karl Rahner SJ, Das Alte neu sagen)

Gestern abend in der Kapelle der Missionare in der Rue du Bac. Ein sehr alter Priester mit weißem Bart, vier Nonnen in Schwarz und zwei oder drei Laien waren in solche Andacht versunken, daß ich zwanzig Minuten lang nicht das leiseste Geräusch hörte und mit geschlossenen Augen den Eindruck hätte haben können, ich sei allein. Diese Stille hatte etwas Wunderbares. Pater Surin sagt, Gott besuche nur Seelen, die ruhig und leer sind. (Julien Green, Tagebücher)

BROT UND WEIN

Das Brot

„Er ist gut wie Brot", sagt man bei manchen Völkern, wenn man über einen Menschen das höchste Lob aussprechen will. Diese Redensart erinnert den Christen unwillkürlich an Jesus. Als er kurz vor seinem Tod mit den Aposteln das Abendmahl hielt, faßte er sein Leben in den Zeichen von Brot und Wein zusammen. Wie es bei einem solchen Mahl üblich war, zerbrach er das Brot und verteilte es unter den Jüngern. Er gab aber diesem Brotbrechen einen ganz neuen Inhalt, indem er sagte: „Nehmt und eßt, das ist mein Leib" (Mt 26,26). Man könnte sinngemäß auch übersetzen: „Das bin ich für euch. Wie ihr zum physischen Leben Brot braucht, so braucht ihr mich als geistliche Nahrung auf eurem weiteren Lebensweg."

Das Zerbrechen des Brotes beim letzten Abendmahl ist auch ein Zeichen, das auf den nahen gewaltsamen Tod Jesu hinweist. Im Orient werden noch heute wie zur Zeit Jesu die frischgebackenen zähen Brotfladen nicht geschnitten, sondern zerbrochen, ja geradezu auseinandergerissen. Jesus, der das Brot zerbricht, ja zerreißt, um es an die Jünger austeilen zu können, wird selbst im Tod zerbrochen werden, um dann in der Eucharistie unerschöpflich verteilbar zu sein.

Unzählige Male ertönt seither an jedem Tag in der Kirche der Ruf: „Nehmt und eßt, das ist mein Leib." Der Christ, der erlebt, wie in der Liturgie Brot in den Leib Christi verwandelt wird, und der Christus in Brotgestalt empfängt, soll selber verwandelt werden. Er soll werden wie Brot für andere Menschen, die Hunger haben nach Zuwendung und Gemeinschaft. Das betende Verharren vor dem Christus in Brotgestalt kann viel dazu helfen, daß diese Verwandlung in Gang kommt und in Gang bleibt. Die Christen in der Westkirche haben ja schon vor langer Zeit begonnen, den Leib Christi in Brotgestalt nicht nur in der Kommunion zu empfangen, sondern sich ihm über die Messe hinaus betend und betrachtend zuzuwenden, weil er für die Kommunion von Kranken und Sterbenden aufbewahrt blieb. Daraus hat sich die sogenannte Tabernakelfrömmigkeit entwickelt, die Besuchung und Verehrung des Allerheiligsten: eine starke, sprudelnde Quelle beständiger religiöser Erneuerung. Es gilt, diese Spiritualität gegen manche Strömungen der heutigen Theologie und Pastoral zu erhalten.

Brot war durch lange Zeit eines der Hauptnahrungsmittel in Europa, so wie Reis in China oder Fisch für den Eskimo. Heute ist es nur ein Lebensmittel unter vielen anderen. Schulkinder werfen das ungeliebte Jausenbrot in den Papierkorb. In manchen Häusern wird aber immer noch ein Kreuzzeichen auf den Brotlaib geschrieben, bevor er angeschnitten wird. Und wer nach Süden reist und abseits der Touristenströme durch Italien und Griechenland zieht, der findet noch einfache Menschen, die ihre Mahlzeit mit selbstverständlicher Würde als Mahl gestalten. Brot und Wein sind dort die täglichen „heiligen" Gaben, die verstehen lassen, warum Christus ihnen einen so hohen Rang gegeben hat.

———

Die eine, wahre Ähre gab Brot, himmlisches Brot, unbegrenzt.

Das Brot, das gebrochen hatte der Erstgeborene in der Wüste, wurde aufgezehrt und ging zu Ende, obwohl er es vermehrt hatte.

Wiederum brach er dann ein neues Brot, das alle Geschlechter und Stämme nicht aufzehren werden.

Aufgezehrt wurden die sieben Brote, die er gebrochen, und zu Ende gingen auch die fünf Brote, die er vermehrt hatte.

Das eine Brot, das er brach, hat die Schöpfung besiegt; denn wie oft es auch verteilt wird, es mehrt sich.

(Ephräm der Syrer, Hymnus de Nativitate IV)

Der Wein

Dunkles Licht im Becher nennt Hölderlin den roten Wein Südfrankreichs in einem seiner Gedichte. Im Süden Europas, an den Küsten des Lichtes, und im Orient schlingt sich die Rebe mit armdicken Ästen von Baum zu Baum oder bildet dichte, schattige Lauben und Gänge.

Im biblischen Palästina waren Weinstöcke ein Kriterium für den Wohlstand einer Familie, und die Propheten sprachen vom friedlichen Leben in der messianischen Zeit als einem ungestörten Sitzen unter dem eigenen Weinstock und Feigenbaum: „An jenem Tag werdet ihr einander einladen unter Weinstock und Feigenbaum" (Sach 3,10). Der sorgsam bebaute und durch eine Mauer geschützte, mit Wächterturm und Kelter versehene Weinberg Palästinas wird von der Bibel als Sinnbild für das Volk Israel aufgefaßt (z. B. Jes 5,7). Gott ist der Herr dieses geliebten Weinbergs.

Die Psalmen reden vom „Wein, der des Menschen Herz erfreut" (Ps 104,15); und im biblischen Buch Jesus Sirach heißt es: „Wie Lebenswasser ist der Wein dem Menschen, wenn er ihn mäßig trinkt" (Sir 31,27). In den außerbiblischen Religionen des Orients galt der Wein als Symbol der Jugend und des ewigen Lebens. Die Sumerer verwendeten das Weinblatt als Schriftzeichen für das Wort „Leben".

Neuer Wein, der in neue Schläuche gefüllt werden will, das war die Botschaft Jesu (Mt 9,17; Mk 2,22). Bei einer Hochzeit in Kana in Galiläa wirkte er sein erstes Wunder (Joh 2,1–11). Der Wein, der hier in verschwenderischer Fülle gegeben wurde, war ein Zeichen für die nun angebrochene messianische Zeit. Sechs riesige steinerne Wasserkrüge bargen in Kana diesen neuen Wein. Die Vollzahl Sieben ergibt sich, wenn der Becher mit Wein hinzukommt, den Jesus beim Abendmahl am Gründonnerstag gereicht hat: Nehmt und trinkt, das ist mein Blut für euch (Mt 26,27 f.). Blut ist Leben, Wein ist Leben, Brot ist Leben. Jesus gibt sein Leben für uns und schenkt dieses Leben in der Gestalt von Brot und Wein.

Der Wein der Meßfeier weist über sie hinaus ins ewige Leben, das Jesus beim letzten Abendmahl als ewiges Gastmahl beschreibt, indem er sagt: „Von jetzt an werde ich nicht mehr von der Frucht des Weinstocks trinken, bis zu dem Tag, an dem ich mit euch von neuem davon trinke in meines Vaters Reich" (Mt 26,29).

Wein kann eine Droge sein, kann mißbraucht werden zur Orgie, zum Rausch. Wein kann aber auch Mittel zu wahrer Freude sein, zu jener „nüchternen Trunkenheit", von der die Väter der Kirche oftmals sprechen.

Der Christ ist aber nicht nur ein Mensch, dem der Wein der Schöpfung und der Wein der Eucharistie zuteil werden. Er soll selber wie Wein werden. „Ich bin der Weinstock, ihr seid die Reben" (Joh 15,5), hat Jesus abschiednehmend zu den Jüngern und also zu allen Christen gesagt, die diesen Namen verdienen. Neuer Wein sein, eine müde Gesellschaft begeistern und beleben können, das ist eines der Bilder für das Programm eines christlichen Lebens.

———

In deinem Brot ist verborgen nicht zu essender Geist, in deinem Wein wohnt nicht zu trinkendes Feuer. Geist in deinem Brot, Feuer in deinem Wein, erhabne Wunder, die unsre Lippen empfingen.

(Ephräm der Syrer, Hymnus de Fide X)

O süße Ebene der Lombardei,
eintönig zwar, eintöniger aber nicht
als Meer und Himmel, Licht und Brot und Wein,
als Wiegenlied und raunendes Gebet
und nicht eintöniger als die liebe Liebe!

(Werner Bergengruen, Lombardische Elegie)

Das Wasser

„Mich dürstet" (Joh 19,28), lautet eines der sieben Worte, die Jesus am Kreuz zum Vater und zu den Menschen, die Zeugen seines Sterbens waren, gesprochen hat. Das Wasser wird in diesem Jesuswort angesprochen als ein Mittel zum Leben. „Errette mich, o Herr, die Wasser gehen mir bis an die Kehle" (Ps 69,2), lautet ein Gebetsruf aus den Psalmen, der im Gegensatz dazu die vernichtende Kraft des Wassers zum Ausdruck bringt.

Wasser ist ein Schoß für das Leben: Das ungeborene Leben im Mutterleib schwimmt im Fruchtwasser, das in seiner Zusammensetzung dem Meerwasser ähnlich ist. Wissenschafter glauben, das Leben auf unserem Planeten habe im Meer begonnen. Wasser kann auch zum Grab werden: Die Bibel erzählt von der Sintflut, der nur jene Lebewesen entgingen, die sich mit Noach in die Arche gerettet hatten (Gen 6,13–8,22).

Wasser labt den Durstigen, wäscht den Schmutz ab, nimmt spielerisch den Schwimmenden auf. Wasser ist aber auch ein Symbol für Chaos und Tod. In dieser Doppeldeutigkeit verwendet die Kirche das Symbol des Wassers bei der Taufe. Im jetzigen Taufritus ist der Gebrauch des Wassers stark reduziert. Dreimal wird ein wenig davon in Kreuzesform über das Haupt des Täuflings gegossen. In der alten Kirche hingegen wurden die Erwachsenen durch Untertauchen im Taufbrunnen getauft. Dieses Untertauchen bedeutet Sterben mit Christus, Versinken im Wassergrab als dem Schoß des Todes. Das Auftauchen des Täuflings aus dem Wasser bedeutet Auferstehen mit Christus zu einem neuen Leben. Dieses Leben des Christen soll eine Kette von kleinen Siegen über Sünde und Tod sein, bis es einmal ganz vom ewigen Leben verschlungen sein wird.

Am Jakobsbrunnen hat Jesus einer Frau aus Samaria, die müde war vom Zwang, immer wieder herkommen zu müssen, um sich zu bücken und Wasser zu schöpfen, lebendiges Wasser versprochen, das den Trinkenden für immer vom Durst befreit (Joh 4,7–15). Und beim Laubhüttenfest in Jerusalem, als im Tempel Wasser aus dem Teich Siloe als Opfergabe ausgegossen wurde, rief Jesus laut: „Wen dürstet, der komme zu mir, und es trinke, wer an mich glaubt. Wie die Schrift sagt, werden aus seinem Inneren Ströme von lebendigem Wasser fließen" (Joh 7,37–39). Damit meinte er den Geist, den alle empfangen sollten, die an ihn glauben. Das strömende, lebendige Wasser ist hier ein Symbol des Heiligen Geistes, der als Frucht des Leidens und der Auferstehung Jesu gegeben wird.

Wer diese Fülle von Bedeutungen des Wassers bedenkt, der wird noch lieber in jenen Dank für das Geschöpf des Wassers einstimmen, den Franz von Assisi in seinem Sonnengesang ausgesprochen hat: „Gelobt seist Du, Herr, für die Schwester Wasser, gar nützlich ist sie und demütig und köstlich und keusch."

———

Das wahre Licht ist erschienen und erleuchtet alle. Christus wird mit uns getauft. Er, der reiner als alle Reinen, er heiligt alle Wasser, und uns gereicht dies zur Reinigung. Irdisch ist, was wir sehen, doch höher als die Himmel, was wir verstehen: vom Bade kommt das Heil und vom Wasser der Geist. Durch Untertauchen steigen wir zu Gott empor. Wunderbar sind Deine Werke, Herr, Ehre sei Dir. (Aus dem Stundengebet der Ostkirche)

Vertiefen wir uns . . . in die Bedeutungsfülle, die das Wasser in der Liturgie hat: in den Gebeten der Weihe kommt seine dämonische Zweideutigkeit zum Ausdruck – wir spüren sie, im ruhelosen Strömen, im Strudeln und Rauschen: erquickend und gefährlich, mild und furchtbar, klar und rätselhaft in einem; das Magische, Verlockende, ja Böse darin . . . Das Widergöttliche lebt und wirkt in aller Natur; und soll etwas tauglich für Gott sein, dann muß zuerst eine tiefe Reinigung vollzogen werden . . . Der Sinn der Liturgie ist den Dingen gegenüber zum großen Teil der, sie aus der unrechten Hand in die rechte zu bringen, aus der Hand des „Fürsten der Welt" (Joh 12,31) in die des Vaters. So wird das Wasser zu etwas ganz Reinem . . . [und es] macht rein . . . (Romano Guardini, Liturgie und liturgische Bildung)

Das Öl

Charakteristisch für die Vegetation des Mittelmeerraumes und besonders Palästinas ist der Ölbaum, ein zähes Gewächs, das nicht selten Jahrhunderte überdauert. Die nie welkenden Blätter zeigen an der Oberseite ein
sanftes Dunkelgrün und sind silbrig an der Unterseite: Das vom österreichischen Dichter Josef Weinheber verwendete Wort „mondsilbergrün"
kommt bei der Betrachtung eines Ölzweiges in Erinnerung. Der kurze,
dicke Stamm zerklüftet sich im Alter. Der Baum verjüngt sich durch zahlrei-
che Wurzelschößlinge und gibt in jedem zweiten Jahr reiche Ernte. Die
grünlich-schwarzen Früchte werden vom Baum geschlagen oder geschüt-
telt und samt den Kernen mit schweren Steinwalzen zerdrückt und dann
gepreßt.

Das biblische Buch Genesis berichtet, Noach habe aus der Arche eine
Taube entsandt, die mit einem Ölzweig im Schnabel zurückgekehrt sei; ein
Zeichen dafür, daß die Erde nach der Sintflut wieder bewohnbar war
(Gen 8,11). In diesem Zusammenhang wird der Ölzweig zum Symbol des
Friedens zwischen Mensch und Gott, zwischen Mensch und Welt.

Augustinus hat die Bedrängnisse des Christenlebens mit einer Ölpres-
se verglichen: Aus den Leiden des wahren Christen wird gutes Öl gepreßt
und rinnt zum Kruge des ewigen Lebens.

Vielfältig war von jeher der Gebrauch des Öls. Es linderte Schmerzen,
heilte Wunden, stärkte müde Glieder, kühlte die Haut, machte die Athleten
geschmeidig für den Wettkampf und diente als „Öl der Freude" zur Salbung
bei Festen und Mählern. Es war auch der Brennstoff für die Lampen – man
erinnere sich an das biblische Gleichnis von den klugen und den törichten
Jungfrauen und an die vielen Öllämpchen, die in den Katakomben gefunden wurden.

Kränze aus Zweigen des wilden Ölbaumes waren der Schmuck für die
Sieger der Olympischen Spiele, denn der Ölbaumzweig war Symbol des
Sieges und Friedens, der wilde Ölbaum Inbild langdauernder Stärke und

Kraft. Dieser Sinngehalt läßt sich auch im römischen Brauchtum erkennen: Auf dem Forum stand ein heiliger Ölbaum neben einem Feigenbaum und einem Weinstock als Zeichen der Beständigkeit. Lebengebende Bedeutung darf der Verwendung von Ölbaumzweigen bei Geburt, Hochzeit und Tod zugeschrieben werden, und mit dem Öl, dem heidnische Religionen göttliche Wirkung zuschrieben, salbte man Könige, Priester, neugeborene Kinder und Tote.

Zur Zeit des Alten Bundes wurden Priester, Könige und Propheten, aber auch Kultgegenstände mit Öl gesalbt. Und der vor Gott gerechte Mensch ebenso wie das ganze Volk wurden mit einem „üppigen Ölbaum von schöner Gestalt" verglichen.

Die Christen haben angesichts dieser jüdischen wie heidnischen Tradition die Salbung mit Öl als Zeichen für die Mitteilung des Heiles Gottes schon sehr früh vollzogen. So gab und gibt es Salbungen am Beginn der Zeit der Vorbereitung auf die Taufe und bei der Taufspendung, bei Firmung, Priester- und Bischofsweihe und als Krankensalbung. Auch Kirchen, Altäre und anderes heiliges Gerät werden gesalbt. Der in Taufe und Firmung an Stirn oder Scheitel gesalbte Christ erhält Anteil an der königlichen und prophetischen Priesterwürde Christi. Der Duft des Öles ist ein Zeichen dafür, daß der Christ durch sein Leben göttlichen Wohlgeruch in die Welt hinein verströmen soll.

Katechumenenöl, Krankenöl und Chrisam werden vom Bischof während der Karwoche in einem festlichen Gottesdienst unter Teilnahme möglichst aller Priester geweiht. So wird der Brunnen des Öls in der Diözese für ein Jahr gefüllt.

Die Sprache des Ölsymbols wird in der Tiefe besser verstehen, wer eine Stunde lang – vielleicht im Mittagslicht – in einem Olivenhain still verweilt. Etwa auf den Hügeln bei Siena oder in Dalmatien oder gar auf dem Ölberg gegenüber der Stadt Jerusalem. Eine solche Stunde wäre auch die Zeit einer Besinnung auf die eigene Taufe und Firmung und einer Erneuerung aus der Kraft dieser Sakramente.

KERZE UND LAMPE
Das eine weitere Kerze entzündende Mädchen mehrt das Licht
im Raum und auf ihrem eigenen Antlitz.
(Foto: Ferdinand Neumüller, Klagenfurt)

Deshalb bitten wir dich, o Herr:
Heilige dieses Öl mit deinem Segen
und erfülle es mit der Kraft des Heiligen Geistes durch deinen
Sohn Jesus Christus.
Von ihm hat der Chrisam den Namen . . .
Für alle, die wiedergeboren werden im Wasser der Taufe, mache
diesen Chrisam zu einem Zeichen vollendeten Heiles und Lebens.
Wasche von ihnen ab die ererbte Verderbnis
und mache sie durch die Salbung mit Chrisam zu deinem Tempel,
der erfüllt ist vom Duft eines gottgefälligen Lebens.

(Gebet zur Weihe des Chrisamöls)

Der Name des Öls [Chrisam] ist wie sein Symbol, und in ihm ist
der Name „Christus" geformt. Es erhielt den Siegespreis der
Name des Öls, weil er der Schatten des Namens Christi ist. Denn
auch der Herr der Jünger geleitete sie, da sie ausgesandt wurden,
und wenn sie salbten und heilten, war im Öl insgeheim Christus
dargestellt, und er vertrieb alle Leiden, wie auch der Fluß des Blu-
tes im Saum des Mantels ihn sah und vertrocknete.

Das Öl ist ein Stab für die Greise und auch eine Waffe für die
Jünglinge. Es hält aufrecht die Kranken und ist zugleich eine
Schutzmauer für die Gesunden. Eine Einheit und zugleich eine
Vielfalt in seinen Hilfen. Es gibt den Altären die Salbung, und sie
können die Opfergaben der Versöhnung tragen.

Jenes Öl ist nämlich ein Freund des Heiligen Geistes und sein Die-
ner. Und wie ein Jünger folgte es ihm, der mit ihm Priester und
Gesalbte kennzeichnete. Der Heilige Geist prägt mit Hilfe des Öls
sein Zeichen seinen Schafen auf, wie ein Siegelring, der mit Hilfe
des Wachses sein Bild prägt. Das unsichtbare Siegel des Geistes
wird durch das Öl den Körpern aufgeprägt, die in der Taufe
gesalbt und darin zu Gezeichneten werden.

(Ephräm der Syrer, Hymnen de Virginitate IV und VII)

Das Salz

Ihr seid das Salz der Erde, hat Jesus den Jüngern und einer großen Schar armer und nicht selbstgefälliger Menschen bei der Bergpredigt zugerufen. Und er hat sie auch eine Stadt auf dem Berge und das Licht der Welt genannt (Mt 5,13 f.). Dies ist ein ungeheurer Anspruch und zugleich eine große Verheißung.

Der Christ, der Jünger Christi, soll ein Gewürz für die Welt sein. Das Salz als Gewürz braucht die richtige Dosierung. Wo es fehlt, schmeckt die Suppe schal, fade. Wo entschiedene Christen fehlen, dort entsteht leicht ein moralisches Vakuum, breiten sich Kälte oder Müdigkeit aus.

Auch zu viel Salz verdirbt freilich die Suppe. Im übersalzenen Toten Meer kann kein Lebewesen existieren. Im übertragenen Sinn können Christen anderen das Leben „versalzen", wenn sie das Gleichgewicht zwischen Buchstabe und Geist, zwischen Gesetz und Evangelium, zwischen Recht und Liebe verlieren. Nicht der eindimensionale Moralist ist der Vollchrist, sondern der liebende Heilige, dessen Liebe freilich ein Element der Strenge zu sich selbst und gegenüber anderen in sich schließt.

Die Christen sind immer in Gefahr, die Kraft zu verlieren, die man braucht, um in der Welt, in der Gesellschaft würzendes Salz zu sein. Schon in der ersten Generation wird der Kirche von Laodicea in Kleinasien warnend zugerufen: „Wärest du doch kalt oder heiß; weil du aber lau bist . . ., werde ich dich ausspeien aus meinem Munde" (Offb 3,15 f.). Der laue Christ wird hier mit fadem, abgestandenem Wasser verglichen. Das Gegenbild zum lauen Christen ist der Christ als liebloser Pharisäer. Ihm gilt die Kritik, die Jesus gegen die Pharisäer gerichtet hat und von der das ganze 23. Kapitel des Matthäusevangeliums berichtet.

Der Christ als Salz der Erde soll die Welt, die Gesellschaft salzen, das heißt, sie genießbarer machen und vor Fäulnis bewahren helfen.

In den frühen Zeiten des Christentums hatten sich die erwachsenen Taufkandidaten durch ein oder zwei Jahre auf die Taufe vorzubereiten. Auf diesem langen Weg zur Taufe gab es auch den Ritus der Salzspende. Man legte dem Taufschüler ein Salzkorn auf die Zunge mit den Worten: „Empfange das Salz der Weisheit!" Der werdende Christ empfing das Salz mit dem Auftrag, selbst wie Salz zu werden: Gedenke, o Mensch, daß du Salz, Brot und Licht bist oder sein könntest, sein solltest.

Im heutigen Taufritus ist die Salzspende nicht mehr vorgesehen. Das ist ein Verlust an Verleiblichung der christlichen Botschaft, die man nicht nur hören, sondern auch schmecken kann.

———

Jedes Speiseopfer sollst du salzen, und deinem Speiseopfer sollst du das Salz des Bundes deines Gottes nicht fehlen lassen; jede deiner Opfergaben sollst du mit Salz darbringen.

(Lev 2, 13)

Denn jeder wird mit Feuer gesalzen werden. Das Salz ist etwas Gutes. Wenn das Salz die Kraft zum Salzen verliert, womit wollt ihr ihm seine Würze wiedergeben? Habt Salz in euch, und haltet Frieden untereinander!

(Mk 9,49 f.)

Eure Worte seien immer freundlich, doch mit Salz gewürzt; denn ihr müßt jedem in der rechten Weise antworten können.

(Kol 4,6)

Das milde Salz der Propheten ist heute ausgestreut worden unter die Völker. Laßt uns mit ihm neuen Geschmack gewinnen, mit dem das alte Volk schal wurde!

(Ephräm der Syrer, Hymnus de Nativitate I)

Das Weihwasser

In den katholischen Kirchen befindet sich nahe dem Eingang ein Gefäß mit geweihtem Wasser. Der hier eintretende Christ ist eingeladen, einen Schwellenritus zu vollziehen, indem er innehält, die Fingerspitzen in das Wasser taucht und sich dann mit der vom Weihwasser benetzten Hand ein Kreuzzeichen auf Stirn, Mund und Brust schreibt oder statt dieser drei Kreuze nur ein einziges großes von Stirn zu Brust und von der linken zur rechten Schulter.

Es ist ein Ritus der Reinigung, der so vollzogen wird. Der von draußen aus dem Alltag kommende Mensch soll innehalten an der Schwelle und bedenken, daß er als Bild Gottes gedacht und erschaffen ist. Aber dieses Bild wird immer wieder getrübt wie ein Spiegel, auf den sich Staub gelegt hat, Staub des Alltags.

Ganz verstanden ist dieser schöne Brauch des Sichbekreuzigens erst dann, wenn er mit der Sehnsucht nach einem Neuwerden verbunden ist. Ich fühle mich wie neugeboren, sagen Menschen in glückhaften Augenblicken ihres Lebens. Diese kostbaren Zeiten sind so etwas wie das Gewürz des Lebens. Viel häufiger sind freilich Zeiten anderer Art, in denen man sich in enge Verhältnisse eingeschlossen und schwer fühlt. Geistlich lebende Katholiken gehen dann oft in die Kirchenhäuser und bitten um Licht in ihr Herz und Kraft für den weiteren Weg. Sie wissen auch, daß geistliche Schwere und Dumpfheit oft nicht nur etwas Tragisches, sondern die Konsequenz von Sünde sind. So wird das Nehmen von Weihwasser und das Sichbekreuzigen an der Kirchtür auch zur Erinnerung an die Taufe, bei welcher man mit Christus in das Wassergrab des Todes getaucht worden und mit ihm daraus, von Schuld befreit, in eine neue Existenzweise auferstanden ist. Oft ist daher der Brunnen mit Weihwasser ähnlich gestaltet wie der Taufbrunnen, und beide befinden sich, wie auch der Ort der Beichte als Quellgrund geistlicher Erneuerung, nahe der Kirchenschwelle.

Geweihtes Wasser wird von der Kirche bei vielen Segnungen verwendet. Menschen und Dinge werden damit besprengt. Bei der Segnung dieses Wassers wird an ein oder an mehrere Ereignisse der Heilsgeschichte erinnert, bei denen das belebende und reinigende Geschöpf des Wassers von Bedeutung war. So zum Beispiel an das Wasser des Roten Meeres, durch welches Israel aus der Knechtschaft in Ägypten fortzog in Richtung auf ein verheißenes Gelobtes Land (Ex 14,15–31). Oder an das Wasser, das der Prophet Ezechiel in einer Vision aus dem Jerusalemer Tempel quellen sah und das schließlich anschwoll und das salzige Tote Meer in einen Süßwassersee verwandelte (Ez 47,8). Oft wird dem Weihwasser auch Salz beigemengt. Es wird dann daran erinnert, daß der Prophet Elischa schal gewordenes Wasser auf Geheiß Gottes durch Beimengung von Salz wieder köstlich gemacht hat (2 Kön 2,20 f.). Erinnert wird auch an Jesus Christus, der sich im Tempel von Jerusalem mit einer Quelle strömenden Wassers verglichen hat (Joh 7,37 f.).

Am Beginn der sonntäglichen Eucharistiefeier kann die Segnung und Ausspendung des Weihwassers als Gedenken an die Taufe das Allgemeine Schuldbekenntnis ersetzen. Der Priester bezeichnet sich selbst mit Weihwasser und besprengt damit dann die Mitfeiernden. In größeren Kirchen durchschreitet er den Raum. Dabei sollen Texte aus der Heiligen Schrift gesprochen oder gesungen werden. Eine lange Tradition hat den neunten Vers des 51. Psalms bevorzugt, der in lateinischer Fassung mit den Worten „Asperges me" beginnt und in deutscher Sprache lautet: „Besprenge mich, Herr, und ich werde rein. Wasche mich, und ich werde weißer als Schnee."

———

Segne dieses Wasser, Herr,
damit der Lebensstrom der Gnade heute an deinem Tag
aufs neue in uns fließe.
Dieses Wasser, das über uns ausgesprengt wird,
umgebe uns wie ein Schutzwall.
Es bewahre uns vor allem Bösen,
damit wir mit reinem Herzen zu dir kommen können.

(Aus dem Gebet zur Segnung des Weihwassers am Sonntag
zum Taufgedächtnis am Beginn der Messe)

Der Weihrauch

„Wie ein Rauchopfer steige mein Gebet zu dir empor", sagt der Beter des 141. Psalms zu Gott (Ps 141,2) und macht so deutlich, daß der Weihrauch im Judentum wie in der christlichen Kirche vor allem ein Ausdruck des Gebetes ist.

Der echte Weihrauch entsteht durch Verbrennen eines Harzes, das in Gestalt gelber Tropfen der Rinde des Boswelliabaumes entquillt. In der Antike war der Gebrauch dieses Harzes und anderen Räucherwerks nicht auf den Gottesdienst beschränkt. Man erfüllte ebenso die Wohnungen wie die Tempel mit den Duftwolken verbrennender Harze. Die Beräucherung brachte einen erfrischenden Duft. Man erfreute so Menschen und verband damit hygienische Zielsetzungen. Der Weihrauch diente aber auch zur Ehrenbezeugung für den Herrscher und für die Götter.

Von großer Bedeutung war der Weihrauch im Tempelgottesdienst des Volkes Israel. Auf dem Rauchopferaltar und im Rauchfaß, mit welchem der Hohepriester einmal jährlich – am großen Versöhnungstag – das Allerheiligste, den innersten Raum des Tempels, betrat, wurde zusammen mit anderem Räucherwerk auch Weihrauch verbrannt. Die Rauchwolke über dem Altar war ein Symbol der Anbetung Gottes. Die Wolke rings um die Bundeslade im Allerheiligsten war hingegen ein Ausdruck der Versöhnung mit Gott und ein Schutz für den Hohenpriester, der den Thron der Herrlichkeit Gottes nicht unverhüllt schauen sollte.

Die Christen verwendeten den Weihrauch in ihren Gottesdiensten zunächst nicht, weil es ihr Anliegen war, sich vom Heidentum möglichst deutlich zu unterscheiden. Mit dem Verschwinden des Heidentums fand der Ritus der Beräucherung in Anlehnung an die jüdische Liturgie bald Eingang in den christlichen Gottesdienst. Die Pilgerin Aetheria berichtet, daß um 390 im sonntäglichen Gottesdienst in Jerusalem Räucherwerk hereingetragen und so die ganze Auferstehungsbasilika mit Wohlgeruch erfüllt wurde. Dem Papst gingen beim Einzug zum Gottesdienst bald schon sieben Leuchterträger und ein Subdiakon mit dem Rauchfaß voran. Seit dem 9. Jahrhundert wird es üblich, am Beginn der Messe Räucherwerk darzubringen, und ab dem 11. Jahrhundert wird an dieser Stelle der Altar inzensiert. Reicher entfaltet ist seit dem 11. Jahrhundert die Beräucherung der Opfergaben Brot und Wein, die dreimal bekreuzend und dreimal umkreisend inzensiert werden, sowie des Altares und der liturgischen Gemeinde. Der Weihrauch soll alles in eine heilige Atmosphäre des Gebetes hüllen, das wie eine Rauchwolke zu Gott aufsteigt. Die Liturgie der Kirche nimmt damit Elemente der himmlischen Liturgie auf, wie sie im letzten Buch des Neuen Testamentes, der Apokalypse, durch den Seher Johannes beschrieben wird. Er sah in der himmlischen Liturgie, wie ein Engel mit einer goldenen Räucherpfanne an den Altar trat. „Ihm wurde viel Weihrauch gegeben, den er auf dem goldenen Altar vor dem Thron verbrennen sollte, um so die Gebete aller Heiligen vor Gott zu bringen. Aus der Hand des Engels stieg der Weihrauch mit den Gebeten der Heiligen zu Gott empor" (Offb 8,3 f.).

Bei der feierlichen Weihe eines Altars wird nach der Salbung der Altarplatte ebenfalls Räucherwerk verbrannt, und zwar an fünf Stellen des Altares. Der Bischof betet dabei: „Gott, wie Weihrauch steige unser Gebet zu dir empor. Und wie dieses Haus mit wohlriechendem Duft sich füllt, so erfülle Christi Geist deine Kirche."

Weihrauch findet schließlich auch Verwendung bei der Totenliturgie. Die Verstorbenen bleiben ja Glieder am mystischen Leib Christi, die geheiligt sind durch den Empfang der Sakramente. Darum wird ihr toter Leib durch Weihrauch geehrt, wie die Frauen am Ostermorgen den Leichnam Jesu durch Salbung mit kostbaren Ölen ehren wollten.

In der Zeit liturgischer Veränderungen nach dem Konzil wurde vielerorts auf das überkommene Symbol des Weihrauchs verzichtet. Indem man voreilig meinte, damit ein aus dem Heidentum übernommenes Zeichen preiszugeben, gab man einen Brauch des jüdischen Gottesdienstes preis, und dazu eine vielhundertjährige Übung der Kirche. Solche gutgemeinte Einfachheit mißrät leicht zur dürren Kargheit. Der Mensch darf und soll Gott nicht nur mit dem Verstand und dem Wort loben, sondern auch mit ergänzenden Zeichen. Die Liturgie will und darf ein Gesamtkunstwerk gläubiger Phantasie sein, in welchem auch der Weihrauch einen unbestrittenen Platz hat.

———

Tausend Hände von Priestern und dienenden Knaben schwingen
eherne Fässer, draus Wolken des Weihrauchs dringen,
süß zu atmendes Harz, aus des Orients edlem Geäst
willig geronnen und sorglich zu blassen Körnern gepreßt.
Aber reicher noch lobt Dich, Du Herr der Gewölke und Schwaden,
alles, was aufwärts steigt, zu reineren Lüften geladen,
heißer, zorniger Dampf aus den Nüstern brüllender Stiere
und das Wogen der Blütenstäubchen im Honigreviere,
frühsommernächtiger Hauch von den süßen Akazienbäumen
und des Jasmins, des Holunders betäubendes Überschäumen,
weißer, wallender Nebel, aufsteigend von Hochmoor und See,
lobt Dich im Nordwindgestöber der stäubende Pulverschnee . . .,
Herdrauch aus Dächern, am windstillen Mondhimmel stehend,
zögerndes Herbstgespinst, an der späten Sonne zergehend,
lobt Dich der riesigen Städte verworfener Brodem
und der Gemsen, der Kinder, der Feldmäuse reinlicher Odem,
bläulich verglimmender Kräuter narkotischer Schleier
und der Weindunst bacchantisch brausender Feier . . .,
Mehlstaub, Goldstaub, Gewürzstaub und Staub von Folianten,
Feldwegstaub und Staub vom Schleifen der Diamanten,
Mörtelstaub von uralten, bröckelnden Türmen und Treppen
und der beizende Rauch von brennenden Wäldern und Steppen . . .
Ja, es lobt Dich der bittere Rauch von den höllischen Flammen.
Und vieltausendfältig rinnt alles in Eines zusammen,
steigt, mit dem Weihrauch der Kirchen vereint, nach oben,
Lobrauch, wie Lobsang, den Herrn der Schöpfung zu loben.

(Werner Bergengruen, Lobsang und Lobrauch)

Die Asche

Über das Sterben des heiligen Bischofs Ulrich von Augsburg, der im Jahr 973 dreiundachtzigjährig und im fünfzigsten Jahr seines bischöflichen Dienstes heimgegangen ist, berichtet sein Biograph Gebhard: „In jener Nacht, noch bevor die Morgenröte aufstieg, ließ er Asche in Form eines Kreuzes auf den Boden streuen, ließ das Aschenkreuz mit Weihwasser besprengen und sich darauf niederlegen. Und so lag er da bis zum Morgen, und zur selben Stunde, da die Kleriker die Litanei sangen, befahl er Gott seine Seele."

Asche ist in vielen Religionen und Kulturen ein mit Schuld und Tod verbundenes Zeichen. In der biblischen Erzählung vom Sündenfall spricht Gott zu Adam: „Mit Schweiß im Angesicht wirst du dein Brot essen, bis du zurückkehrst zum Ackerboden. Von ihm bist du ja genommen. Denn Staub bist du, und zum Staub mußt du zurück" (Gen 3,19). Die kirchliche Liturgie wiederholt dieses Wort alljährlich am Aschermittwoch. Der Priester spricht es bei der Erteilung des Aschenkreuzes, um die Christen an den Tod und das künftige Gerichtetwerden durch Gott zu erinnern.

Dieses Aschensymbol ist aber kein Verweis auf einen endgültigen Tod, sondern eine Mahnung zur Umkehr als Bedingung für den Eintritt in das ewige Leben. Das deutende Wort bei der Erteilung des Aschenkreuzes müßte in seiner Vollgestalt daher eigentlich lauten: „Gedenke, o Mensch, daß du Staub bist, aber bestimmt zur Auferstehung in das ewige Leben." Die zweite Hälfte dieser Wahrheit wird von der Kirche am Ende der Fastenzeit, zu Ostern, verkündet.

Asche beschmutzt, aber sie ist leichter, weniger anhaftend als Erde, als Lehm. Asche ist durch Feuer gereinigter Erdenstoff. Aus der Asche erhebt sich in einer antiken Sage der Vogel Phoenix zu neuem Leben. Er läßt die Asche zurück. Der Christ aber glaubt, daß in der Auferstehung seine Geschichte – die Erde, die Asche –, freilich geläutert durch das Feuer des Gerichtes, mitgenommen wird in das ewige Aufgehobensein bei Gott.

Asche wurde früher auch bei der feierlichen Weihe einer Kirche verwendet. Man streute ein Kreuz aus Asche diagonal so auf den Boden, daß die Balken auf die Ecken des Kirchenraumes wiesen. Dann schrieb der Bischof mit seinem Stab das griechische Alphabet mit den Buchstaben vom Alpha bis zum Omega auf den einen Kreuzbalken und das lateinische Alphabet von A bis Z auf den anderen. In das Flüchtige, Verwehende, in den Staub wurde die Perspektive der Ewigkeit gezeichnet. Das Symbol scheinbarer Vergeblichkeit menschlichen Lebens und Mühens wurde zur Chiffre von Transzendenz.

———

Wer Asche hütet, den hat sein Herz verführt und betrogen. Er wird sein Leben nicht retten . . . (Jes 44,20)

Wenn man vom Menschen redet, der Staub ist, so geht es um den Menschen, der sich von Gott entfernt, den Dialog verweigert hat. Es geht um den Menschen, der seine ursprüngliche Bleibe, eine Raumstatt der Liebe, verlassen und sich auf einen Weg begeben hat, der von Auflösung und Tod gezeichnet ist. Der Mensch aus Staub hat sich gegen Gott gerichtet und sich so zu Nichts verurteilt. Es gibt jedoch die Möglichkeit, diesen dramatischen Weg der Entfernung von Gott und der Selbstauflösung zu verlassen. Wir können zum Ursprung zurückkehren . . . „Denk daran, Staub bist du und kehrst zurück zu Staub . . . zu Gott." Er will es so, jetzt schon. Ich werde zu Staub und begebe mich zurück in die Hände des Schöpfers. Er will mich neumachen . . . Alles beginnt von vorne. Ich kann neu werden, nicht, wenn ich das Ende, sondern wenn ich den Anfang annehme. Ich sage nicht Ja zum Staub, der Tod ist und auf den Tod verweist, sondern zur Erde in der Hand des Schöpfers. Dieses Stück Erde wartet darauf, den Lebenshauch zu empfangen und so lebendig zu werden. Begegnung mit dem Staub heißt also zuerst und zuletzt Begegnung mit dem Leben. (Alessandro Pronzato, Abenteuer Gott)

DAS LICHT DER WELT

BETENDE HÄNDE
Eine Beterin faltet die Hände unterwegs beim Kärntner Vierber-
gelauf, einer Wallfahrt, die am zweiten Freitag nach Ostern
über vier Berge führt.
(Foto: Anton Wieser, Klagenfurt)

Das Licht

„Süß wird das Licht sein, und köstlich den Augen, die Sonne zu schauen", liest man im Buch „Prediger" oder „Kohelet", das der biblischen Weisheitsliteratur zugehört (Koh 11,7), und am Anfang der Bibel, im Bericht über den Ursprung, den Morgen der Schöpfung, steht der schöpferische Ruf Gottes: „Es werde Licht" (Gen 1,3).

Licht und Leben sind Urworte unserer Sprache. Leben braucht Licht, das Lebendige strebt zum Licht. Im Johannesevangelium nennt sich Jesus selbst Licht der Welt und offenbart sich auch in anderen Urworten, die Lebensnotwendiges bezeichnen: Er ist Weg, Wahrheit, Leben, ist Brot des Lebens, guter Hirt und Quelle lebendigen Wassers.

„Licht im Winter" lautet der Titel eines Films von Ingmar Bergmann. Er deutet hin auf etwas besonders Köstliches, weil zu Seltenes. In den Zeiten der kurzen Tage und langen Nächte ersehnt man das Licht des Frühlings, des Sommers, hofft auf Reisen zu den Küsten des Lichtes. Kranke ersehnen während ihrer Nachtwachen das Morgenlicht. „Vorweggenommen in ein Haus aus Licht" fühlte sich manchmal die Dichterin Marie Luise Kaschnitz und hat davon in ihrem Gedicht „Auferstehung" gesprochen.

Licht ist auch eines der wichtigsten Symbole des Gottesdienstes als Licht der Kerzen, zumal der Osterkerze, die am Beginn der Osternachtfeier in die noch ganz dunkle Kirche getragen wird. Vor allem aber ist es das Sonnenlicht, das am Morgen, beginnend bei den Fenstern im Osten, allmählich den Kirchenraum erobert und am Abend bunte Fenster im Westen zu einem letzten Leuchten, ja Glühen bringt.

Großartig ist ein Morgen in Chartres bei Paris, wenn man dort vor Sonnenaufgang die gotische Kathedrale betritt und dann erlebt, wie die steigende Sonne der Reihe nach die kostbaren Glasgemälde in den Fenstern aus bleierner Stumpfheit befreit und zum Strahlen bringt. „Was auf Erden totes Pigment war, strahlt nun in den Himmel erhoben", hat der Dichter Paul

Claudel in einem Essay über „Die Musik der gotischen Glasgemälde" geschrieben.

„Und das Licht leuchtet in der Finsternis" (Joh 1,5), sagt der Prolog des Johannesevangeliums. Das ganze Evangelium spricht vom Kampf dieses göttlichen Lichtes gegen die andringende Finsternis und von seinem Sieg am Ende. Dieses Licht kommt bei jedem Gottesdienst in Wort und Symbol in reichem Maße zur Geltung.

———

Dadurch ist das Wort der Propheten für uns noch sicherer geworden, und ihr tut gut daran, es zu beachten; denn es ist ein Licht, das an einem finsteren Ort scheint, bis der Tag anbricht und der Morgenstern aufgeht in eurem Herzen. (2 Petr 1,19)

[Christus] – Licht in seinem Fluß; Glanz in seinem Grab. Er strahlte auf dem Berg, er leuchtete im Mutterleib. Er glänzte bei seiner Erhöhung, er leuchtete bei seiner Himmelfahrt.
Ebenso werden bei der Auferstehung auch die Gerechten leuchten; denn ihr Gewand ist Licht und ihre Hülle Glanz; sie selber werden für sich das Licht in den Lampen sein.
(Ephräm der Syrer, Hymnus de Ecclesia XXXVI/1)

Daß des Lichtes Quelle wieder
Rein und heilig in mir flute,
Träufle einen Tropfen nieder,
Jesus! mir von deinem Blute!
(Clemens Brentano, Frühlingsschrei eines Knechtes aus der Tiefe)

Bei Pator de Caussade folgender Satz, der ihn in meinen Augen unter die größten Dichter einreiht: „Die Seelen, die im Licht wandeln, stimmen den Lobgesang auf das Licht, und die im Dunkeln wandeln, den auf das Dunkel an." (Julien Green, Tagebücher)

Kerze und Lampe

„Wir haben in den letzten Wochen für dich immer wieder Kerzen vor dem Bild der Schmerzhaften Mutter angezündet", las ich in einem Brief, den Freunde einem Schwerkranken geschrieben hatten. Die Kerzen vor dem Gnadenbild sollten Ausdruck eines inständigen Gebetes sein.

Kerze und Öllampe sind mindestens seit dem 4. Jahrhundert auch christliche Symbole. Aber schon vor der Existenz des Christentums und auch gleichzeitig mit ihm sind sie für Menschen anderen Glaubens wichtig gewesen. Die lichtlose Nacht war von jeher als unheimlich und unwirtlich empfunden worden. Das Licht in der Nacht bot als Feuer Wärme und auch Schutz vor sonst unsichtbarer Gefährdung. Das wärmende Licht wurde bald in die Herdstätten eingeborgen, das erhellende Licht hingegen gewann man durch Kienspäne, Pechfackeln und – in Ländern, wo der Olivenbaum gedeiht – durch Öllampen. Diese Lampen waren ursprünglich sehr schlicht: kleine, offene Schalen aus Ton, in deren weiche Masse man vor dem Brennen einen Schnabel für den Docht aus Pflanzenfasern oder Stoffresten geformt hatte. Später wurde die Gestalt der Lampe verfeinert.

Solche Lampen sowie aus Bienenwachs geformte Kerzen waren aber nicht bloß nützliche Alltagsinstrumente. Sie hatten auch religiöse Bedeutung. Ihr Licht, das die Dunkelheit erhellte, war ein Gleichnis für die Existenz des Menschen als ein Weg aus dem Dunkel ins Licht; für die Geburt aus dem Mutterschoß in das Licht der Welt und für die zweite Geburt aus dem Schoß des Todes in ein jenseitiges ewiges Licht. Heidnische Tempel, aber auch der Tempel in Jerusalem waren erhellt vom Licht vieler Lampen. Bei Griechen und Römern war das Anzünden der Lichter im Tempel wie im Wohnhaus ein Vorgang von religiöser Bedeutung. Der Lichtträger trat ein und sprach eine Wunschformel, oder er rief „Gutes Licht", worauf die Anwesenden riefen: „Sei gegrüßt, Licht." Den Kaisern und Königen der Antike wurden Lichter vorangetragen, um sie zu ehren.

Die Christen übernahmen nach dem Ende der antiken Religion dieses Lichtsymbol, von dem ja auch Jesus viele Male gesprochen hatte. Lampen brannten nun auch an den christlichen Gräbern und erhellten die Kirchen. Die Zahl der Flammen in den Kronleuchtern der römischen Lateranbasilika, der päpstlichen Kirche, wird im Liber Pontificalis mit 8370 angegeben. Auch die Kerzen kamen in Gebrauch. Das Exsultet-Lied, mit welchem in der Osternacht die Osterkerze besungen wird, datiert in seinem Kern aus dem 4. Jahrhundert.

In Licht verwandeltes Öl oder Wachs sind Gleichnis dessen, was der Christ im Glauben an die Auferstehung erhofft. Viele Kerzen brennen daher bei festlichen Gottesdiensten auf den Altären. Viele Kerzen brennen auch vor Gnadenbildern, bei denen Christen den Trost für ihre und anderer Menschen müde gewordene Seele suchen. Liebe ist verschwenderisch, wie jene reuige Sünderin gezeigt hat, die eine Fülle kostbaren Nardenöls über Jesus ausgoß, um ihn so noch vor seinem Tod für das Begräbnis zu salben. Judas und Aufklärer wie Kaiser Joseph II. hielten solches für unnütz und daher für tadelnswert. Jesus aber hat die Sünderin in Schutz genommen (Mk 14,3–9).

———

Es ist der tiefste Sinn des Lebens, sich in Wahrheit und Liebe für Gott zu verzehren, wie die Kerze in Licht und Glut.

(Romano Guardini, Von heiligen Zeichen)

Heute morgen Seelenmesse in Sankta Barbara; die dicken Kerzen über den Ikonen zu beiden Seiten der Pforte schenkten den Heiligen Leben bis hinauf zum Kreuz . . .

(Reinhold Schneider, Winter in Wien)

Nach der Messe und der Lossprechung trugen sie den hölzernen Sarg in den Garten . . .; alle hielten brennende Kerzen in der Hand, zum Zeichen, daß Schwester Leclercs Seele nicht gestorben war, sondern irgendwo weiterstrahlte.

(Bruce Marshall, Alle Herrlichkeit ist innerlich)

Die Osterkerze

In der Osternacht, der „Nacht aller Nächte" des Kirchenjahres, werden am Beginn der Liturgie vor der Kirche ein Holzstoß und an seinem Feuer die Osterkerze entzündet. Diese Kerze wird dann an der Spitze einer Prozession in den ganz dunklen Kirchenraum getragen. Sie soll einerseits an die Feuersäule erinnern, in welcher Gott als Bundesgott Israels dem sich aus der Knechtschaft in Ägypten entfernenden Volk in der Nacht voranzog und ihm so den Weg in die Freiheit wies (Ex 13,21). Andererseits ist die Osterkerze ein Symbol für Christus. Früher war es Brauch, den Funken zur Entzündung des Osterfeuers aus einem Stein zu schlagen. So war schon dieser Funke ein Hinweis auf Christus, der aus dem Dunkel seines Felsengrabes als Auferstandener hervorgetreten ist. Vor allem ist aber die Osterkerze selbst ein Christussymbol. Wer ihr beim Einzug in die Kirche nachgeht, soll an das Wort Christi denken: „Ich bin das Licht der Welt. Wer mir nachfolgt, wandelt nicht im Dunklen, sondern er wird das Licht des Lebens haben" (Joh 8,12).

Die auf Christus verweisende Symbolik der Osterkerze wird verstärkt durch den Brauch, das Kreuz Christi in sie einzuritzen und dazu das Alpha und das Omega, den ersten und den letzten Buchstaben des griechischen Alphabetes, in Erinnerung an das Jesuswort: „Ich bin . . . der Anfang und das Ende" (Offb 21,6). Schließlich schreibt man auf die Kerze auch die Zahl des jeweiligen Jahres und befestigt auf ihr fünf Weihrauchkörner als Zeichen für die fünf verklärten Wunden am Leib des auferstandenen Herrn.

Dreimal hält die Prozession mit der Osterkerze auf dem Weg zum Altarraum an, und dreimal erklingt der Ruf „Lumen Christi – Licht Christi". Dann wird die Kerze auf einen hohen Leuchter gestellt und durch Weihrauch geehrt. Schließlich wird das große Osterlob, der Exsultet-Hymnus, gesungen, ein Text von poetischer Schönheit. Dieses Lied verweist zurück in die Tiefe der Heilsgeschichte. Es erinnert an das Paschalamm, dessen Blut in Ägypten an den Türen der Israeliten den Todesengel abwendete, und an den Exodus Israels aus der dortigen Sklaverei. Es erinnert auch an den Exodus Christi aus dem Tod in der Nacht, „in der Christus die Ketten des Todes zerbrach und aus der Tiefe als Sieger emporstieg". Es spricht von einer glücklichen Schuld Adams, die in Christus einen so großen Erlöser gefunden hat: „O unfaßbare Liebe des Vaters: Um den Knecht zu erlösen, gabst du den Sohn dahin." Das Exsultet-Lied endet mit dem Wunsch, die Osterkerze möge leuchten, „bis der Morgenstern erscheint, jener wahre Morgenstern, der in Ewigkeit nicht untergeht: dein Sohn, unser Herr Jesus Christus, der von den Toten erstand, der den Menschen erstrahlt im österlichen Licht . . ."

Der Leuchter für die Osterkerze war in der alten Kirche oft besonders kunstvoll gestaltet. Ein Beispiel dafür ist in der Basilika St. Paul in Rom bis heute erhalten geblieben.

Früher war es Brauch, daß die Osterkerze während der Gottesdienste von Ostern bis zum Fest Christi Himmelfahrt brannte. Dann erlosch ihr Licht als Zeichen dafür, daß Christus sich in der Heimkehr in seinen Ursprung im Schoß der göttlichen Dreifaltigkeit dem Schauen entzogen hat. Nun aber steht sie während der ganzen 50tägigen Osterzeit im Altarraum und brennt während der Gottesdienste. Danach wird sie in der Taufkapelle aufbewahrt und bei Tauffeiern entzündet. Von ihr wird auch das Licht für die Taufkerze genommen. In Meßfeiern für Verstorbene am Begräbnistag soll die Osterkerze an den Sarg gestellt werden zum Zeichen dafür, daß der Tod des Christen sein persönliches Pascha ist.

In neuerer Zeit ist es vielerorts üblich geworden, das Osterlicht in Laternen nach Hause und zu den Gräbern zu tragen: ein schöner Brauch, denn das Licht Christi will sich ausbreiten wie ein springendes Feuer.

———

Frohlocket, ihr Chöre der Engel, frohlocket, ihr himmlischen Scharen, lasset die Posaune erschallen, preiset den Sieger, den erhabenen König! Lobsinge, du Erde, überstrahlt vom Glanz aus der

DAS BETENDE SICHAUSSTRECKEN AUF DEM BODEN
Zwei Diakone während der Allerheiligenlitanei vor dem Empfang
der Priesterweihe.
(Foto: Ferdinand Neumüller, Klagenfurt)

DAS AUFLEGEN DER HÄNDE
Unter Schweigen legt der Bischof dem Kandidaten für die
Priesterweihe die Hände auf.
(Foto: Ferdinand Neumüller, Klagenfurt)

Höhe! Licht des großen Königs umleuchtet dich. Siehe, geschwunden ist allerorten das Dunkel. Auch du freue dich, Mutter Kirche, umkleidet von Licht und herrlichem Glanze! Töne wider, heilige Halle, töne von des Volkes mächtigem Jubel.

Darum bitte ich euch, geliebte Brüder, ihr Zeugen des Lichtes, das diese Kerze verbreitet: Ruft mit mir zum allmächtigen Vater um sein Erbarmen und seine Hilfe, daß er, der mich ohne mein Verdienst, aus reiner Gnade, in die Schar der Leviten berufen hat, mich erleuchte mit dem Glanz seines Lichtes, damit ich würdig das Lob dieser Kerze verkünde . . .

In Wahrheit ist es würdig und recht, den verborgenen Gott, den allmächtigen Vater, mit aller Glut des Herzens zu rühmen und seinen eingeborenen Sohn, unsern Herrn Jesus Christus, mit jubelnder Stimme zu preisen. Er hat für uns beim ewigen Vater Adams Schuld bezahlt und den Schuldbrief ausgelöscht mit seinem Blut, das er aus Liebe vergossen hat. Gekommen ist das heilige Osterfest, an dem das wahre Lamm geschlachtet ward, dessen Blut die Türen der Gläubigen heiligt und das Volk bewahrt vor Tod und Verderben.

Dies ist die Nacht, die unsere Väter, die Söhne Israels, aus Ägypten befreit und auf trockenem Pfad durch die Fluten des Roten Meeres geführt hat.

Dies ist die Nacht, in der die leuchtende Säule das Dunkel der Sünde vertrieben hat.

Dies ist die Nacht, die auf der ganzen Erde alle, die an Christus glauben, scheidet von den Lastern der Welt, dem Elend der Sünde entreißt, ins Reich der Gnade heimführt und einfügt in die heilige Kirche.

Dies ist die selige Nacht, in der Christus die Ketten des Todes zerbrach und aus der Tiefe als Sieger emporstieg. Wahrhaftig, umsonst wären wir geboren, hätte uns nicht der Erlöser gerettet.

O unfaßbare Liebe des Vaters: Um den Knecht zu erlösen, gabst du den Sohn dahin! O wahrhaft heilbringende Sünde des Adam, du wurdest uns zum Segen, da Christi Tod dich vernichtet hat. O glückliche Schuld, welch großen Erlöser hast du gefunden! O wahrhaft selige Nacht, dir allein war es vergönnt, die Stunde zu kennen, in der Christus erstand von den Toten. Dies ist die Nacht, von der geschrieben steht: „Die Nacht wird hell wie der Tag, wie strahlendes Licht wird die Nacht mich umgeben." Der Glanz dieser heiligen Nacht nimmt den Frevel hinweg, reinigt von Schuld, gibt den Sündern die Unschuld, den Trauernden Freude. Weit vertreibt sie den Haß, sie einigt die Herzen und beugt die Gewalten. In dieser gesegneten Nacht, heiliger Vater, nimm an das Abendopfer unseres Lobes, nimm diese Kerze entgegen als unsere festliche Gabe! Aus dem köstlichen Wachs der Bienen bereitet, wird sie dir dargebracht von deiner heiligen Kirche durch die Hand ihrer Diener. So ist nun das Lob dieser kostbaren Kerze erklungen, die entzündet wurde am lodernden Feuer zum Ruhme des Höchsten. Wenn auch ihr Licht sich in die Runde verteilt hat, so verlor es doch nichts von der Kraft seines Glanzes. Denn die Flamme wird genährt vom schmelzenden Wachs, das der Fleiß der Bienen für diese Kerze bereitet hat.

O wahrhaft selige Nacht, die Himmel und Erde versöhnt, die Gott und Menschen verbindet!

Darum bitten wir dich, o Herr: Geweiht zum Ruhm deines Namens, leuchte die Kerze fort, um in dieser Nacht das Dunkel zu vertreiben. Nimm sie an als lieblich duftendes Opfer, vermähle ihr Licht mit den Lichtern am Himmel. Sie leuchte, bis der Morgenstern erscheint, jener wahre Morgenstern, der in Ewigkeit nicht untergeht: dein Sohn, unser Herr Jesus Christus, der von den Toten erstand, der den Menschen erstrahlt im österlichen Licht: der mit dir lebt und herrscht in Ewigkeit. Amen.

(Liturgie der Osternacht: der Exsultot Hymnus)

EINEN LEIB HAST DU MIR GEGEBEN

Das Kreuzzeichen

Beim Vorübergehen am Portal einer orthodoxen Kathedrale in einem damals kommunistisch regierten Land begegnete ich vor Jahren einem Soldaten in Uniform, der sich auf die in der Ostkirche übliche Weise bekreuzigte, indem er den Querbalken des Kreuzzeichens von rechts nach links zog. Dieses öffentliche Bekenntnis zum Glauben war ein Risiko für den jungen Mann und zugleich eine Frage an den Christen aus dem Westen, welches Risiko er für den Glauben auf sich nehmen würde.

Das Sichbekreuzigen ist in der Katholischen Kirche und in den Kirchen des Ostens die wohl am häufigsten vollzogene Verleiblichung des Glaubens. Man schreibt sich je ein Kreuzzeichen auf Stirn, Mund und Brust oder einfach ein großes Kreuz von Stirn zu Brust und von Schulter zu Schulter. So sagt man zum Dreifaltigen Gott: „Ich bin dein." Man stellt sich unter Gottes Schutz und bezeugt dies auch vor Menschen, die dieses Zeichen wahrnehmen. Bei Fernsehübertragungen sportlicher Großveranstaltungen sieht das Publikum oft, wie Schispringer vor dem Absprung oder Fußballer vor einem Match sich bekreuzigen. Es sind vor allem Sportler aus romanischen und slawischen Ländern, die dies tun, wohl weil ihre Mutter sie gelehrt hat, sich in einer Stunde besonderer Herausforderung mit dem Kreuz zu segnen.

Bevor jemand sich bekreuzigt, haben dies andere an ihm bei seiner Taufe getan. Bei der Taufe eines Kindes bezeichnen der Taufspender, aber auch Eltern, Paten und andere Angehörige dieses Kind mit einem Kreuz. Es ist berührend zu erleben, wie auch liturgisch wenig Geübte sich bemühen, dieses Zeichen behutsam und in Würde zu vollziehen. Anderseits ist es bekümmernd zu erfahren, daß viele Eltern ihre Kinder nicht mehr lehren, sich zu bekreuzigen, und noch weniger selbst ihre Kinder mit dem Kreuzzeichen segnen. Im Religionsunterricht wird dieses Defizit schon im ersten Schuljahr offenkundig. Das Kreuz wird aber nicht nur über Menschen, sondern auch über Dinge gezeichnet. Sie werden so unter den Schutz Gottes gestellt, werden gesegnet oder geweiht.

Kurz vor der Katastrophe des Zweiten Weltkrieges hat der deutsche Schriftsteller Theodor Haecker gefragt, was man unbedingt werde mitnehmen müssen, wenn man zur Flucht genötigt sein werde. Er gab sich selbst die Antwort: „Wir werden das Kreuz mitnehmen, das wir immer noch schlagen können, bevor es uns erschlägt."

Von einem Kreuzzeichen in der Sterbestunde erzählt auf bewegende Weise der Engländer Evelyn Waugh, ein Konvertit zur katholischen Kirche, in seinem Roman „Wiedersehen mit Brideshead". Da ist die Rede von einem Aristokraten, der nach Jahrzehnten heimkehrt, um in England zu sterben. Der Katholischen Kirche hat er sich seit langem entfremdet und weist auch einen Priester ab, der ihn besuchen will. Erbarmungslos schildert der Autor das Verhalten der religiös lauen Angehörigen. Man will den Sterbenden nicht erregen und doch der Konvention Genüge tun, die den Beistand der Kirche vorsieht. Also holt man den Priester möglichst spät. Der Lord kann nun nicht mehr sprechen. Als der Priester ihn auffordert, durch ein Zeichen zu bekunden, daß er die Sünden seines Lebens bereue, reagiert er nicht mehr. Der Priester gibt ihm dennoch die Absolution und salbt ihm die Stirn. Da bewegt der Sterbende langsam, mühsam die Hand gegen die Stirn. Der Autor des Buches schreibt, er habe als Augenzeuge befürchtet, der Lord wolle blasphemisch das heilige Öl von der Stirne wischen. Aber der Sterbende bekreuzigt sich langsam. Der verschüttete Glaube der Kindheit, der Jugend kehrt zu ihm zurück. Waugh bekennt, sein eigener Weg in die Kirche sei durch dieses Erlebnis entscheidend bestimmt worden.

Von der Taufe bis zum Sterben begleitet der Ritus des Sichbekreuzigens und Bekreuzigtwerdens das Leben des Christen und umgibt ihn wie ein schützender Mantel.

DAS HERZ

Aus Silber oder Gold getriebene Herzen, mit Buchstaben aus den Namen Jesu oder Mariens, wurden in der Zeit des Barock und auch später als Votivgaben an Kirchen, besonders an Wallfahrtskirchen, geschenkt. Sie sagen mit Worten eines Kirchenliedes zu Christus oder zu seiner Mutter: „Mein Herz will ich dir schenken und alles, was ich hab". An der Wand hinter dem hier dargestellten silbernen Herzen kann man die italienischen Worte „ti amo" ausnehmen. Ein junger Mensch hat sie als Ausdruck seiner Liebe dort hingeschrieben.

(Foto: Ferdinand Neumüller, Klagenfurt)

Wenn wir das heilige Kreuzzeichen machen, legen wir die Finger der Hand zuerst an das Haupt: das bedeutet Gott den Vater, der von niemandem ausgeht. Dann berühren unsere Finger den Leib: das bedeutet den Sohn, unseren Herrn, der vom Vater gezeugt wird und in den Leib der heiligen Jungfrau Maria herabstieg. Dann legen wir die Finger an die eine und die andere Schulter: das bedeutet den Heiligen Geist, der da ausgeht vom Vater und vom Sohn. Und wenn wir unsere Hände wieder ineinanderfalten, dann soll das sinnbilden, daß drei Personen eine einzige Wesenheit sind.

(Ignatius von Loyola. Gott suchen in allen Dingen. Hrsg. Josef Stierli)

Wie oft haben wir schon gedankenlos das Kreuzzeichen gemacht und dabei den Namen des Dreieinigen Gottes angerufen? Von seinem ursprünglichen Sinn her ist dies jedesmal eine Tauferneuerung . . . Die Kirche macht den Menschen zum Christen, indem sie den Dreifaltigen Gott nennt. Sie drückt auf diese Weise seit ihren Ursprüngen aus, was sie für das eigentlich Entscheidende am Christsein ansieht: den Glauben an den Dreieinigen Gott. – Das enttäuscht uns. Es ist so weit weg von unserem Leben . . . Wenn Kurzformel, dann erwarten wir etwas . . ., dessen Wichtigkeit für den Menschen und sein Leben sich unmittelbar aufdrängt. Und doch kommt es eben auf dies an, was hier gesagt wird: Im Christentum geht es nicht zuerst um die Kirche oder um den Menschen, sondern um Gott . . .

(Kardinal Joseph Ratzinger, Der Gott Jesu Christi)

Betende Hände

Wenn ein Mensch stirbt, dann öffnen sich seine Hände. Das ist ein ergreifender Ausdruck für die Enteignung, die sich im Sterben vollzieht. Nach katholischem Brauch werden die leeren, auseinanderfallenden Hände eines Verstorbenen wieder zusammengefügt, zur Gebärde des Gebetes gefaltet. Oft werden diese Hände auch mit der Gebetsschnur des Rosenkranzes umschlungen.

Die gefalteten und zu immerwährender Ruhe gekommenen Hände eines Toten sind für seine Angehörigen und Freunde vielleicht Anlaß, nach langer Zeit wieder auf die Symbolkraft der menschlichen Hand zu achten. Wozu haben wir Hände? Wozu haben wir dieses Stück Leib, durch das wir – ebenso wie durch unser Antlitz – besonders viel zur Sprache bringen können?

Etymologisch hängt das Wort Hand mit dem gotischen Wort „hirpan" zusammen. Das bedeutet fangen, greifen. Die Hand ist also eine Greiferin, Fasserin. Wonach aber greift der Mensch mit seinen Händen, diesen so überaus sensiblen Organen seines Leibes? Er greift nach dem Material seiner Arbeit, um es in Besitz zu nehmen, festzuhalten und zu verändern. Er greift auch nach den Instrumenten der manuellen wie der geistigen Arbeit, die ihm verlängerte Hände sind.

Die Hand des Menschen streckt sich schließlich nach dem Mitmenschen aus. Sie tut dies auf viele einander ergänzende oder auch widersprechende Weisen. Sie ist schenkende, helfende, heilende Hand der Mutter, des Arztes. Als abweisendes, zuschlagendes Instrument der Gewalt hingegen gleicht sie der Hand des Kain, der seinen Bruder Abel getötet hat.

In vielen Religionen, zumal im Judentum und im Christentum, sind die Hände auch Ausdruck der Zuwendung zu Gott, des Redens auf ihn hin, des Sprechens mit ihm, des Horchens auf ihn. „Ruf doch! Ist einer, der dir Antwort gibt?" sagt einer von den Freunden des Ijob zu diesem biblischen

Dulder (Ijob 5,1). Der Bildhauer Ernst Barlach hat Ijob dargestellt, wie er seine Ohrmuscheln mit den Händen umfängt und vergrößert, solchermaßen ganz versammelt in den Vorgang des Hörens und Horchens.

Das Falten der Hände ist eine von den häufigsten Formen des körperlichen Ausdrucks für das Gebet. So hat Albrecht Dürer Maria im Zwiegespräch mit Gott dargestellt. Der Mensch sammelt, versammelt sich in dieser Gebärde und weist am Schnittpunkt der horizontalen und der vertikalen Achse seines Körpers durch vom Körper abgewinkelte, gefaltete Hände von sich weg in die Sphäre der Transzendenz. Bittend, dankend, anbetend überschreitet sich der Mensch, befreit sich aus dem tödlichen Kreis der Verkrümmung in sich selbst.

Geöffnete und leere Hände, die der Mensch von sich wegstreckt oder über seinem Haupt dem göttlichen Du entgegenhebt, sind wie Schalen, die darauf warten, daß Gott sie mit seinen Gaben füllt. „Liebt doch Gott die leeren Hände", hat Werner Bergengruen in einem seiner Gedichte gesagt. Der Priester hebt in der Liturgie so seine Hände empor. Gleiches tun die Oranten auf Bildern altchristlicher Kunst. Es sind Gestalten, die stehend die Innenflächen der Hände nach oben richten als Ausdruck der Sehnsucht nach Vereinigung mit Gott.

Auch mit gefüllten Händen kann der Mensch Gott entgegengehen: „Siehe, wir kommen, kommen mit Jauchzen, unsere Gaben zu bringen!" Diese Gaben sind zugleich die Frucht menschlicher Arbeit und göttlicher Gnade, sodaß die Ostkirche bei der Darbringung dieser Gaben in der Liturgie betet: „Wir bringen dir das Deine von dem Deinigen dar."

Das Beten vollendet sich im Loben. Augustinus hat sein Werk „Der Gottesstaat" mit einem Ausblick in das ewige Leben beschlossen: „Dann werden wir stille sein und schauen, schauen und lieben, lieben und loben. Das ist's, was dereinst sein wird an jenem Ende ohne Ende . . ."

Loben kann der Mensch Gott auch mit den Händen. Wem das Herz an Freude, an Zustimmung zu Gott und zur Welt als Schöpfung Gottes voll ist, der braucht zum Loben nicht nur die Stimme, sondern die Sprache des ganzen Körpers, auch die Sprache der Hände. „Ihr Völker alle, klatscht in die Hände", singen wir im 47. Psalm (Ps 47,2).

Den Händen des suchenden, bittenden, lobenden Menschen begegnet – in biblischer Metaphorik gesprochen – die Hand Gottes. Die Hand des erschaffenden Gottes und die Hand des eben erschaffenen Adam nähern sich einander in einem Fresko Michelangelos an der Decke der Sixtinischen Kapelle. An mehr als zweihundert Stellen ist im Alten Testament von der Hand Gottes die Rede. Sie hat die Erde gegründet und die Himmel ausgespannt. Sie hat das Volk Israel aus der ägyptischen Knechtschaft herausgeführt. Sie erfaßt den Propheten Ezechiel und liegt schwer auf ihm.

Nicht mehr metaphorisch, sondern leibhaftig greift Gottes Hand in Jesus Christus nach dem Menschen, fährt heilend über blinde Augen, verdorrte Gliedmaßen, taube Ohren und gebundene Zungen. Vom Kreuz herab und erhöht zur Rechten des Vaters breitet Jesus Christus die Arme nach den Menschen aus. Die Kirche lebt die Nachfolge Christi besonders auch im Nachvollzug dieser Gebärde.

———

Mit ausgebreiteten Armen, wie Christus am Kreuze, betete er für die Lebenden, . . . es möge ihnen Gemeinschaft gewährt werden mit den Heiligen Johannes, Stephanus, Matthias, Barnabas, Ignatius, Alexander, Marcellinus, Petrus, Felicitas, Perpetua, Agatha, Lucia, Cäcilia und Anastasia. Die Wandlung war schnell vorüber. Heiligennamen schienen auf und verschwanden, von Gott erleuchtete Fenster, und Gott selbst erschien in der von Ihm erkorenen Gestalt.

(Bruce Marshall, Alle Herrlichkeit ist innerlich)

Das Stehen vor Gott

Vom Philosophen Immanuel Kant wird überliefert, daß er sich erhob, als kurz vor seinem Tod sein Hausarzt die Krankenstube betrat, um – wie es für ihn selbstverständlich war – den eintretenden Gast zu ehren. Der Arzt bemerkte dies nicht gleich und hielt sich durch längere Zeit im Gespräch mit dem Kammerdiener auf, bevor er zu dem noch immer stehenden Patienten trat und sich für diese Verzögerung entschuldigte. Kant, der kaum noch stehen konnte, gab zur Antwort: „Es hat mich also der Geist der Humanität noch nicht vollends verlassen."

Das Aufstehen vor anderen Menschen, das Stehen vor ihnen, um Ehre zu erweisen, ist in vielen Kulturen ein Ausdruck der Humanität. Es ist zu hoffen, daß unsere Kultur diesen Ausdruck nicht bald schon verlieren wird, obwohl es in manchen Schulen und anderen pädagogischen Milieus Anzeichen dafür gibt.

Aufstehen, Stehen kann ein stolzes Sichaufrecken vor einem anderen sein. Es kann aber auch ein Zeichen der Wachheit, der Bereitschaft zum Aufmerken, zum Hören sein. Dies gilt besonders in der Beziehung zu Gott. Der Christ steht seit alters nicht nur auf, um Menschen zu begrüßen und zu ehren. Er erhebt sich vor allem vor Gott.

Die Grundhaltung im christlichen Gottesdienst ist, wenn man von einer frühesten Phase absieht, von jeher das Stehen. Der Priester steht am Altar, die Gläubigen umgeben ihn, sie sind, wie die lateinische Liturgie sagt, die „circumstantes". Wie der Priester, so standen auch sie früher beim Gebet mit erhobenen Händen und nach Osten gewendet. Man sieht diese Haltung der Beter, der „Oranten", sehr oft auf den Bildern der Katakombenmalerei dargestellt. Man sieht sie auch auf aus dem Orient stammenden Halbreliefs im Markusdom in Venedig.

Dieses Nach-Osten-Schauen mit erhobenen und weit geöffneten Armen war ein Sichausstrecken nach dem auferstandenen Christus, für welchen die aufgehende Sonne ein Symbol war.

Am Sonntag und an Festtagen war es den Christen während des ersten Jahrtausends nicht gestattet, im Gottesdienst zu knien, weil der Sonntag ein kleines Ostern, Tag der Auferstehung ist. Einen ergreifenden Ausdruck hat diese österliche Frömmigkeit des Stehens vor Gott, des Sichausstreckens nach Christus, in der Überlieferung vom Sterben des heiligen Benedikt von Nursia gefunden. Der Heilige sei stehend gestorben, gestützt auf Ordensbrüder, die ihn aufrichteten. Eine in der Vatikanischen Bibliothek aufbewahrte, mit Bildern versehene sehr alte Handschrift zeigt diese Szene. Es ist die Haltung der biblischen klugen Jungfrauen, die auf den Bräutigam warten und ihm entgegengehen.

———

Um Mitternacht stehe ich auf, um dich zu preisen . . .

(Ps 119,62)

Da sagte er zu ihnen: Wie könnt ihr schlafen? Steht auf und betet, damit ihr nicht in Versuchung geratet.

(Lk 22,46)

Stehet aufrecht!
Nachdem wir die göttlichen,
heiligen, allreinen,
himmlischen, lebendigmachenden,
furchterregenden Mysterien Christi
empfangen haben,
lasset uns würdig Dank sagen dem Herrn!

(Liturgie der Ostkirche: Wort des Priesters
an die Gemeinde nach der Kommunion)

154

Das Knien vor Gott

Beim letzten Abendmahl hat Jesus sich zu den Jüngern hinabgebeugt und hat ihnen die Füße gewaschen (Joh 13,5). In dieser Geste versammelt und verdichtet sich die Haltung Jesu gegenüber den Menschen, wie sie in den drei Jahren seines öffentlichen Wirkens in unzähligen Einzelheiten zum Ausdruck gekommen war.

„Ein Beispiel habe ich euch gegeben" (Joh 13,15), sagt Jesus im Hinweis auf die eben vollzogene Fußwaschung. Er trägt so der Kirche auf, dem Geist der Fußwaschung treu zu bleiben und ihm in ihrer Praxis Gestalt zu geben. Fußwaschung, das ist ein Sichkleinmachen, um gleich groß zu sein wie der andere; um ihn nicht von oben herab zu beurteilen.

Wenn der Mensch sich kniend nicht vor einem anderen Menschen, sondern vor Gott kleinmacht, dann hat dies andere Gründe. Die religiös unterwiesenen Kinder in der Volksschule antworten auf die Frage, was das Knien bedeute, es sei ein Sichkleinmachen vor Gott.

„Denn auf die Niedrigkeit seiner Magd hat er geschaut" (Lk 1,48). So singt Maria im Magnifikatlied. So redet der demütige Mensch in der Freiheit seiner Liebe zu seinem Gott. Gott ist sanfte Güte und zugleich bestürzende und in die Knie zwingende Herrlichkeit. Der Prophet Jesaia sah in einer Vision im Tempel von Jerusalem diese Herrlichkeit und rief aus: „Weh mir, ich bin verloren, denn ein Mann mit unreinen Lippen bin ich und wohne unter einem Volk mit unreinen Lippen, und meine Augen haben den König, den Herrn der Heerscharen, gesehen" (Jes 6,5). Christus ist der Bruder, mit dem die Jünger zu Tische sitzen, und zugleich der Herr, vor dem Petrus auf die Knie fällt und sagt: „Geh weg von mir, ich bin ein sündiger Mensch" (Lk 5,8). Dieser Einsicht entspricht das Knien des Menschen als ein Sichkleinmachen vor Gott. Dieses Knien ist freilich nicht die einzige Haltung im Umgang mit Gott. Hörendes Stehen und horchendes Sitzen sind andere und einander ergänzende Ausdrucksweisen christlicher Spiritualität.

Ich erinnere mich manchmal daran, wie ein ungefähr vierjähriges Kind sich benahm, als es in meiner Begleitung in eine riesige romanische Kirche trat. Offensichtlich betroffen von der Mächtigkeit und Herrlichkeit dieses Raumes, ging das Kind langsam und wie auf Zehenspitzen nach vorne. Und diese Haltung der Ehrfurcht erschien nicht als aufgezwungen, sondern als ebenso selbstverständlich in das Leben des Kindes eingefügt wie das Spielen und Lachen.

———

Kommt, laßt uns niederfallen, uns vor ihm verneigen, laßt uns niederknien vor dem Herrn, unserm Schöpfer! (Ps 95,6)

Eure Knie sind eure Flügel . . .

(Gertrud von Le Fort, Hymnen an die Kirche)

In . . . unzählig vielen . . . Fällen gibt es im Menschen ein Inneres und ein Äußeres, beide sind verschieden und gehören doch zusammen. Das Innere vollendet sich selber erst ganz und eindeutig, wenn es sich selber in diesem Äußeren zur Erscheinung bringt und verleiblicht. Das Äußere kann unter Umständen lügnerisch vorhanden sein (wie ein Judaskuß), ohne daß das Innere, das dadurch sich selbst verwirklichen und zur Erscheinung bringen soll, wirklich vorhanden ist. Aber das Äußere kann auch, wenn der Mensch es sinngemäß und willig vollzieht, das Innere werden lassen. Mancher z. B. begriff plötzlich innerlich, was Beten sei, dadurch, daß er sich hinkniete . . .

(Karl Rahner SJ, Horizonte der Religiosität)

In Saint-Germain-des-Prés kniete eine alte Negerin vor dem Standbild der Mutter Gottes und umklammerte die Gitterstäbe, die die Gläubigen von der Gipsstatue trennen. Neben ihr lag ein großer Gladiolenstrauß; sie sprach mit Maria. Wie man den Segen, der sich über diesen schwarzen Kopf mit dem Kraushaar ergoß, spürte! Ihr Glaube war so offenkundig.

(Juien Green, Tagebücher)

Das betende Sichausstrecken auf dem Boden

Zum Ritus der Bischofsweihe wie auch der Weihe zum Priester oder Diakon gehört es seit vielen Jahrhunderten, daß der Weihekandidat mit zur Erde gewandtem Antlitz sich auf den Boden ausstreckt, während die Allerheiligenlitanei gesungen wird. Diese Haltung will ausdrücken, daß der so betende Mensch sich als gering erachtet vor der Herrlichkeit Gottes, die ihm in einem mystischen Augenblick wie ein Blitz aufgegangen sein und ihn zunächst wie ein Blitz zu Boden gestreckt haben mag.

Betend ausgestreckt auf dem Boden, beginnen Bischof, Priester und Diakon ihren Dienst. Ebenso haben heilige Bischöfe wie Ulrich von Augsburg oder heilige Diakone wie Franz von Assisi sterbend ihren Dienst beendet. Im Jahr 973 ließ der 83jährige Bischof Ulrich Asche in Form eines Kreuzes auf den Boden streuen. Er ließ das Aschenkreuz mit Weihwasser besprengen und gebot, ihn darauf zu betten. So lag er die ganze Nacht hindurch, bis er zur Zeit des Morgenlobes starb. Und Franz von Assisi ließ sich im Jahr 1226, als er den Tod nahe fühlte, aus Assisi hinuntertragen in die Ebene von Portiuncula. Dort ließ er sich aus dem Johannesevangelium die Abschiedsreden Jesu und den Bericht über die Fußwaschung vortragen. Dann bat er um Brot, um es mit allen Brüdern teilen zu können. Zuletzt verlangte er, daß man seinen nackten Leib auf die Erde lege. Liegend breitete er die Arme zum Kreuz aus, und singend ist er gestorben.

In der Armut ihres Sterbens wollten Ulrich und Franziskus dem Beispiel der Armut Jesu bei seinem Tod am Kreuz folgen. Auf dem Boden liegen mit den Augen zum nächtlichen Sternenhimmel oder zum abendlichen Wolkenhimmel oder auf dem Boden liegen mit dem Antlitz zur Erde, nach innen schauend, das sind zeitlose, wenn heute auch seltene Haltungen des Gebetes. Jugendliche habe ich in Taizé und an anderen Orten so beten gesehen. Auch Mönche sah ich, die so betend neuerlich die Körperhaltung vollzogen, die sie bei Ablegung ihrer ewigen Gelübde eingenommen hatten. Ein solches Beten ist ein liebender und vertrauender Vorgriff auf die Stunde des Todes, von der wir in jedem „Gegrüßt seist du, Maria"-Gebet sprechen.

Nicht leicht werde ich jenen mohammedanischen Beter vergessen, den ich vor Jahren auf dem Flughafen in Kairo inmitten von dort abgestellten Baumaschinen und Baumaterialien in tiefer Versunkenheit auf der Erde liegen und beten sah. Vielleicht ist das Gebet vieler Christen in Europa oft so ohne Schwung und Flügel, weil sie zu sehr nur mit dem „Kopf" beten und nicht mit dem Herzen, mit dem ganzen Leib.

———

Rühmt den Herrn, unsern Gott; werft euch am Schemel seiner Füße nieder! Denn er ist heilig. (Ps 99,5)

Ich sehe mich also wieder in jener Kapelle, als ich, während der Hymnus Veni, Creator Spiritus und die Allerheiligenlitanei gesungen wurden, in Erwartung der Handauflegung in Form eines Kreuzes ausgestreckt auf dem Boden lag. Ein ergreifender Augenblick! In der Folge hatte ich viele Male Gelegenheit, als Bischof und als Papst diesen Ritus zu leiten. Die Prostratio, das der ganzen Länge nach auf dem Boden Sichhinstrecken der Weihekandidaten, hat etwas Beeindruckendes an sich: sie ist Symbol ihrer totalen Unterwerfung vor der Majestät Gottes und ihrer vollständigen Verfügbarkeit gegenüber dem Wirken des Heiligen Geistes, der als Urheber der Weihe auf sie herabkommt . . . (Papst Johannes Paul II., Geschenk und Geheimnis)

Der Abbé Gaston sagte den jungen Leuten, sie lägen hier auf dem Boden der Kirche ausgestreckt wie ein lieblicher weißer Teppich vor dem Herrn, und dies sei ein Symbol für das Leben der Priester: Priester erniedrigten sich vor dem Herrn. Er sagte, nur wenn sie alle zusammen so dalägen, bildeten sie einen Teppich, aber wenn sie sich trennten, glichen sie Fußmatten, auf denen sich die Menschen die Füße abstreifen. Aus den einzelnen Fußmatten vor den Türen setze sich der Teppich zusammen; indem sie andern dienten, werde Gott geehrt, das sei nun einmal so. (Bruce Marshall, Keiner kommt zu kurz)

Das Auflegen der Hände

An der Decke der Sixtinischen Kapelle im Vatikan hat Michelangelo Gottvater dargestellt, wie er den Zeigefinger seiner rechten Hand dem jungen Adam entgegenstreckt und ihn an dessen Zeigefinger berührt: Gott und Mensch berühren einander Hand an Hand.

Wie das Gesicht des Menschen, so ist auch seine Hand ein hervorragender Ausdruck seines Wesens. Manche meinen, an den Linien der Handflächen den Charakter und die Geschichte des Menschen ablesen zu können. Jedenfalls kann man an der ruhig oder hastig bewegten, an der zugreifenden oder loslassenden Hand viel von dem erkennen, „was im Menschen ist".

Die Bibel redet in bildhafter Sprache von der Hand, den Händen Gottes. Diese Gotteshand spendet Segen. Sie kann aber auch prüfend oder strafend auf dem Menschen lasten. „In deine Hände befehle ich meinen Geist" (Lk 23,46), sagt Jesus am Kreuz sterbend zum Vater mit Worten eines überlieferten Psalms (Ps 31,6).

Die Hände Jesu haben heilend blinde Augen berührt und lahme Körper aufgerichtet; sie haben auch aus Stricken eine Geißel gewunden, um damit die Händler und Wechsler aus dem Tempel zu vertreiben. Diese Hände haben sich, am Kreuz angenagelt, drei Stunden lang zum Vater und zu den Menschen hin ausgestreckt.

Auch die Hände der Jünger sind dazu bestimmt, einiges von dem zu tun, was Jesus getan hat: „Kranken werden sie die Hände auflegen, und diese werden Heilung finden" (Mk 16,18). Das ist ein Wort des auferstandenen Christus über die in alle Welt zur Verkündigung des Evangeliums ausgesandten Jünger. Die Kraft dazu gibt der Heilige Geist, die Frucht des Todes und der Auferstehung Jesu. Diesen Heiligen Geist nennt ein alter Hymnus den „Finger Gottes, der uns führt".

Betend breiten seither die Priester, der Bischof im Auftrag der Kirche die Hände über Menschen aus, oder sie legen ihnen diese Hände auf. Das bedeutet Mitteilung einer geschenkten Kraft: Mitteilung des Heiligen Geistes und seiner Gaben. Die Firmung, das Bußsakrament, die Weihen zum Diakon, Priester und Bischof werden so gespendet. Die Handauflegung bei der Beichte ist freilich wegen des üblichen Gitters zwischen Beichtendem und Beichtvater auf ein Erheben der Hand reduziert worden. Bei den Weihen geschieht das Auflegen der Hände unter völligem Schweigen: Großes geschieht in der Stille. „Entfache die Gnade Gottes wieder, die dir durch die Auflegung meiner Hände zuteil geworden ist" (2 Tim 1,6), mahnt der Apostel Paulus in einem Brief einen seiner Schüler.

Hände von Menschen können zuschlagen, verwunden, töten. Hände von Menschen können auch besänftigen, Trost ausdrücken und heilen. „Christus hat heute keine anderen Hände als die deinen", mahnt ein oft gehörter Text. Gib mir deine Hände, gib mir dein Herz, sagt Christus allemal zu Menschen, die er beruft.

Solche Menschen, meist junge Männer, werden in den Tagen um das Fest der Apostel Petrus und Paulus in den Domkirchen zu Priestern geweiht. Nachdem über die auf dem Boden ausgestreckten Weihekandidaten die Litanei von allen Heiligen gesungen worden ist, knien sie vor dem Bischof, der ihnen schweigend die Hände auflegt. Es ist die Hand Christi, die in solcher Vermittlung nach ihnen greift. Es ist der Finger Gottes, der sie berührt, wie den Adam im Bild Michelangelos.

———

Jedem einzelnen von ihnen legte er die Hand auf und übertrug ihm die Macht, wie sie einst auch ihm von einem andern Bischof übertragen worden war. Er legte denen, die Priester werden sollten, die Hand auf und betete, Gott möge, wie er seine überströmende Gnade auf Eleazar und Ithamar ausgegossen habe, auch diese weit Schwächeren unter seinen Dienern stärken und in ihnen Heiliggemäßes erneuern . . .

(Bruce Marshall, Keiner kommt zu kurz)

DER WEG
Ein Weg durch einen Laubwald im Süden Kärntens inmitten einer
Region, auf deren Wegen und Straßen Kelten, Römer, Slawen
und Germanen unterwegs gewesen sind.
(Foto: Ilse Møller, Kopenhagen)

Das Grüßen

Das Grüßen baut eine Brücke von Mensch zu Mensch. Die Formen des Grußes sind sehr unterschiedlich, manchmal auch innerhalb derselben Kultur. Da gibt es das Sicherheben, das Sichverbeugen, das Händeschütteln, das Lächeln – all das in der Regel verstärkt durch einige Worte oder auch nur ein einziges Wort.

Der in Asien wenig gebräuchliche, aber in Europa besonders häufige Händedruck ist – wie Ethnologen sagen – entstanden, um einem anderen zu zeigen, daß man unbewaffnet sei und daher keine Gefahr darstelle. Diese Grußform war also nicht nur ein kultureller Schnörkel, sondern eine Garantie für Frieden und Sicherheit.

Grüße können erzwungen sein. Manche politischen Systeme haben solchen Zwang zu Heilrufen auf den Diktator oder zum Grüßen einer Fahne ausgeübt. Das Grüßen kann aber auch ein Ausdruck von Freiheit, von Selbstachtung sein. Wer einen anderen Menschen in Freiheit ehrt – gar einen, der besonders ehrwürdig ist –, der ehrt sich selbst. Und wer angesichts eines solchen Menschen, auch angesichts eines Toten, den Kaugummi oder die Zigarette im Mund behält, der entehrt sich selbst, mag er es wissen oder nicht. Die heute weit verbreitete Verödung der Grußkultur ist ein Defizit, um dessen Behebung Familien und Schulen sich bemühen sollten.

Ein in Österreich und in Süddeutschland üblicher Gruß lautet „Grüß Gott". Das bedeutet den Wunsch, Gott möge den so Angesprochenen grüßen, ja segnen. Diesen Segenswunsch kann freilich nur jemand ehrlich aussprechen, der an die Existenz Gottes und die Kraft seines Segens glaubt. Manche Sprecherinnen und Sprecher in Radio und Fernsehen sagen unbefangen „Grüß Gott" und setzen so eine Alternative zu Grüßen ohne Tradition wie das angelsächsische „Hallo".

In der Antike gab es einen schönen Gruß, der auch in der griechischen Fassung des Neuen Testaments seinen Platz hat. Es ist das „Chaire!" –

„Freue dich!" Der Erzengel Gabriel grüßt auf diese Weise Maria in ihrem Haus in Nazaret. In der katholischen Kirche wird dieser Gruß viele Male nachgesprochen im Gebet „Gegrüßet seist du, Maria", das den größten Teil des Rosenkranzgebetes ausmacht.

———

Im sechsten Monat wurde der Engel Gabriel von Gott in eine Stadt in Galiläa namens Nazaret zu einer Jungfrau gesandt . . . Der Name der Jungfrau war Maria. Der Engel trat bei ihr ein und sagte: Sei gegrüßt, du Begnadete, der Herr ist mit dir.

(Lk 1,26–28)

Nach einigen Tagen machte sich Maria auf den Weg und eilte in eine Stadt im Bergland von Judäa. Sie ging in das Haus des Zacharias und begrüßte Elisabet. Als Elisabet den Gruß Marias hörte, hüpfte das Kind in ihrem Leib. Da wurde Elisabet vom Heiligen Geist erfüllt und rief mit lauter Stimme: Gesegnet bist du mehr als alle anderen Frauen, und gesegnet ist die Frucht deines Leibes. Wer bin ich, daß die Mutter meines Herrn zu mir kommt? In dem Augenblick, als ich deinen Gruß hörte, hüpfte das Kind vor Freude in meinem Leib.

(Lk 1,39–44)

Und wenn ihr nur eure Brüder grüßt, was tut ihr damit Besonderes? Tun das nicht auch die Heiden?

(Mt 5,47)

Grüßt alle eure Vorsteher und alle Heiligen! Es grüßen euch die Brüder aus Italien.

(Hebr 13,24)

Der Friedensgruß

„Frieden, du großes Augenlid, das alle Unruhe verschließt mit deinem himmlischen Wimpernkranz" – so spricht die Dichterin Nelly Sachs, Nobelpreisträgerin für Literatur, jenen Zustand an, den die meisten Menschen ersehnen, ohne freilich immer den richtigen Weg zum Frieden zu kennen oder den Preis dafür zu bezahlen, der ihnen zugedacht wäre.

Friede, Schalom, Eirene, Pax – das ist ein Urwort in jeder der hier gebrauchten Sprachen. Wenn Friede ist, sagt ein biblischer Prophet, dann wird jeder sitzen können unter seinem Weinstock und Feigenbaum, ohne daß einer ihn aufschreckt (Mich 4,4). Solchen Frieden hat es im Laufe der Geschichte selten für lange Zeit gegeben. Umso stärker war und bleibt die Sehnsucht nach ihm, besonders bei den Menschen, denen politisch keine langen Hebel zur Verfügung stehen.

„Frieden hinterlasse ich euch, meinen Frieden gebe ich euch; nicht einen Frieden, wie die Welt ihn gibt, gebe ich euch" (Joh 14,27), hat Jesus in den Abschiedsreden an seine Jünger gesagt. Die Jünger und mit ihnen die Christen aller Generationen dürfen gewiß sein, daß diese Verheißung eingelöst wird. Jedem Christen steht prinzipiell die Gnadengabe, das Charisma, offen, ein Träger und ein Stifter des Friedens Christi zu sein. Darum ist auch die Hauptfeier des christlichen Glaubens, die Eucharistie, eine Friedensfeier. Der Bischof sagt in dieser Feier als ersten Gruß an die liturgische Gemeinde: „Der Friede sei mit euch" und wiederholt so die Worte des auferstandenen Christus an die Jünger (Joh 20,19). Und inmitten der heiligen Messe, kurz vor der Kommunion, sagt der Zelebrant – Bischof oder Priester –, zur Gemeinde gewendet: „Der Friede des Herrn sei allezeit mit euch." Daran schließt sich der Friedensgruß, zu welchem der Priester oder ein Diakon die Mitfeiernden einladen.

Bevor sie den Leib Christi in Brotgestalt empfangen, um so mystischer Leib Christi zu bleiben und noch stärker als bisher zu werden, bezeugen die Gläubigen einander den Wunsch nach Frieden, nach Einheit der Kirche und der gesamten Menschheit. Sie wissen, daß dieser Friede durch den Menschen allein nicht herstellbar und entfaltbar ist. Darum stellen sie diesen Wunsch in die Mitte zwischen den vorausgehenden Friedenswunsch des Priesters und die nachfolgende Kommunion. Beides ist Mitteilung einer Kraft für den Frieden, die Christus dem Menschen gibt.

„Die Form des Friedensgrußes", so heißt es in der Einführung zum neuen Meßbuch der Kirche, „soll von den Bischofskonferenzen entsprechend der Eigenart und den Bräuchen der Völker bestimmt werden."

Die Gestalt dieses Grußes hat im Laufe der bisherigen Kirchengeschichte manchen Wandel erfahren. In der Regel war es ein Kuß, der später auf eine Umarmung eingeschränkt wurde. Heute ist es, den Gepflogenheiten der hiesigen Gesellschaft entsprechend, in der Regel ein Händedruck, könnte aber auch ein Blick in die Augen ohne solchen Händedruck sein. Es genügt dabei, daß jeder den rechts oder links von ihm Stehenden oder Sitzenden auf diese Weise grüßt. Keinesfalls soll der Friedensgruß zu einer Wanderung des Priesters oder anderer Christen durch den Kirchenraum mit Begrüßung aller irgendwie Erreichbaren ausufern. Dies würde Unruhe in die heilige Feier bringen zu einem Zeitpunkt, da man sich kurz vor Empfang der Kommunion auf diese einstimmen soll.

Der liturgische Friedensgruß wird dann keine verkrampfte Gebärde sein, wenn sich jeder zum Gottesdienst in die Kirche Eintretende dessen bewußt ist, daß er nicht allein vor Gott kommt, sondern daß er die Verantwortung für andere – Angehörige, Freunde oder auch Fernstehende – mitbringt und daß der Gottesdienst für das Heil der ganzen Welt gefeiert wird.

———

Den Frieden Christi annehmen heißt, seine Person annehmen, – nicht nur einfach eine „Gabe" ...
Bevor er uns den Frieden schenkte, hat er uns – nicht umsonst! – das Schwert gebracht. Mit diesem Schwert müssen wir Bindungen lösen. So machen wir Platz für ihn. Dann kann er unser Friede sein.
(Alessandro Pronzato, Abenteuer Gott)

Der Empfang der heiligen Kommunion

Im 4. Jahrhundert wurde den Christen in Jerusalem in einer katechetischen Unterweisung über den Empfang der heiligen Kommunion folgendes gesagt: „Wenn du nun hingehst, so gehe nicht so, daß du die flachen Hände ausstreckst oder die Finger auseinanderspreizest, sondern mache die linke Hand zu einem Thron für die rechte, die den König empfangen soll, und dann mache die flache Hand hohl und nimm den Leib Christi in Empfang und sage das Amen dazu. Dann heilige mit aller Sorgfalt deine Augen durch die Berührung des heiligen Leibes und empfange ihn, gib aber acht, daß dir nicht etwas wegfällt ... Dann warte auf das Gebet und danke Gott, der dich solcher Geheimnisse gewürdigt hat."

Dieser alte Text ist ein Zeugnis für die Handkommunion, die schon damals üblich war, freilich umhüllt von größter Ehrfurcht. Später wurde es in der Kirche, wohl in Konsequenz solcher Ehrfurcht vor den heiligen Geheimnissen, üblich, die Kommunion nur in den Mund zu reichen. Auch wurde die Kelchkommunion, der Empfang der zweiten eucharistischen Gabe – Blut Christi in Gestalt von Wein –, den Laienchristen nicht mehr gewährt.

In den Auseinandersetzungen des 16. Jahrhunderts, die schließlich zur Kirchen- und Glaubensspaltung führten, war das Verlangen nach dem „Laienkelch", also nach der Kommunion unter beiderlei Gestalten, sehr drängend, setzte sich aber in der Katholischen Kirche schließlich nicht durch. Nach dem II. Vatikanischen Konzil wurde auch den Laienchristen der Zugang zur Kelchkommunion wieder geöffnet. Damit die Kommunion nicht fruchtlos bleibt oder gar frevelhaft ist, muß der Empfangende dafür aber innerlich disponiert, geistlich vorbereitet sein. Wer mit einer schweren Sünde beladen ist, der darf nicht zum „Tisch des Herrn" herantreten, ohne vorher durch das Bußsakrament mit Gott, mit der Kirche und mit sich selbst versöhnt worden zu sein.

Zeitweise, etwa im Mittelalter, war die Scheu vor dem Empfang des sakramentalen Leibes Christi so groß, daß selbst Ordensleute nur wenige

Male im Jahr kommunizierten. Päpste und Konzilien traten dann für die häufigere Kommunion ein, freilich unter der Bedingung, der Christ möge sich prüfen, bevor er herantritt, und er möge bereit sein, von verkehrten Wegen umzukehren. Heute machen es sich manche Katholiken beim Empfang der Kommunion wohl zu leicht. Sie halten das ungeprüfte Herantreten inmitten einer großen Schar von Gläubigen für einen sozialen Ritus, dem man sich nicht entziehen soll oder gar darf.

Der würdige Empfang der Kommunion verlangt aber nicht nur, daß der Empfangende dazu innerlich, geistlich vorbereitet sei. Auch die äußere Gestalt dieses Empfanges hat ihre Bedingungen. Sie muß geprägt sein von Ehrfurcht. Diese Ehrfurcht bringt sich auch in der Körperhaltung zum Ausdruck. Im Laufe der Jahrhunderte wurde diese Haltung mehrmals geändert. Abwechselnd kommunizierte man stehend oder kniend; man empfing den Herrenleib in die geöffnete, oft mit einem Tuch bedeckte Hand oder in den Mund. Dem Rat, selten zu kommunizieren, folgte die Einladung zu häufigerem Kommunionempfang. Alle diese Formen sollten ein Ausdruck der Ehrfurcht sein, und wenn das Stehen dazu nicht ausreichend erschien, entschloß man sich zum Knien.

Heute ist es in unserem Land ebenso möglich, kniend wie stehend zu kommunizieren. Der sakramentale Leib Christi kann ebenso in den Mund wie in die Hand empfangen werden. Als Bischof, der von Ort zu Ort Gottesdienst feiert, erlebt man da leider auch viel Bekümmerndes: Manche Kommunikanten treten mit Handschuhen heran. Andere wollen die Hostie mit den Fingerspitzen empfangen. Wieder andere wollen sie mitnehmen und unterwegs kommunizieren. Ein solches Verhalten gibt vielen Mitchristen ein Ärgernis und führt dann nicht selten zum Wunsch an die Kirchenleitung, sie möge nur die Mundkommunion erlauben. In Wahrheit geht es darum, die liturgische Erziehung zu intensivieren und einer Kultur der Ehrfurcht vor dem Heiligen wieder Raum zu geben. Es geht um eine Spiritualität, die inspiriert ist durch zwei biblische Gestalten: den Hauptmann von Kapharnaum, der bekannte, er sei nicht würdig, daß Jesus Christus unter seinem Dach einkehre (Lk 7,6), und den Zöllner Zachäus, der eilig und voll Freude von einem Baum stieg, um Jesus in sein Haus aufzunehmen (Lk 19, 5 f.).

———

Wenn ich heute dieser alte Mann bin, dem die Gnade einer so großen Vertrautheit mit dem lebendigen Brot gewährt wurde, so hat der Herr es gewollt, so hat Er selbst mich zu diesem Stelldichein geladen, das er treuen Seelen gewährt und das ich so sehr liebe – meine Neigung wurde also für Ihn zum Werkzeug, mir die Kommunion wahrhaft begehrenswert zu machen, und häufig empfange ich sie, als wäre es das erste Mal, als hätte die Gnade, die dem schwächlichen kleinen Knaben am 12. Mai 1896 in der Marienkapelle in der Rue du Mirail in Bordeaux zuteil wurde, sich bis an die Grenzen dieses endlosen Lebes ergossen, ohne sich jemals zu erschöpfen . . .

(François Mauriac, Die verborgenen Quellen)

Schweigen soll alles sterbliche Fleisch und in Furcht und Zittern dastehen. Und nichts Irdisches soll es bei sich erwägen. Denn der König der Könige und der Herr der Herrscher nahet, sich töten zu lassen und als Speise sich hinzugeben den Gläubigen. Es ziehen vor ihm her die Chöre der Engel mit aller Herrschaft und Gewalt, die vieläugigen Cherubim und die sechsflügeligen Seraphim, und sie verhüllen ihr Antlitz und singen die Hymne: Alleluja, Alleluja, Alleluja.

(Aus der Liturgie der Ostkirche)

Als er die Wegzehrung empfing, kniete er lange vor dem Leib des Herrn, dem er seine Hymnen gesungen hatte, und betete: „Ich empfange dich, Lösepreis meiner Seele; ich empfange dich, Brot meiner Pilgerschaft."

(Aus einem Bericht über das Sterben des hl. Thomas von Aquin)

Das Herz

„Unruhig ist unser Herz, bis es Ruhe findet in dir", schreibt Augustinus, der Kirchenlehrer und Theologe des Herzens, am Beginn seines Werkes „Bekenntnisse" als ein Wort an Gott. Auf Bildern und in Statuen wird der im Jahr 430 verstorbene Bischof der nordafrikanischen Stadt Hippo daher mit dem Symbol eines brennenden Herzens dargestellt.

Herz ist ein Urwort unserer Sprache und der meisten Sprachen. In vielen Religionen und Philosophien bezeichnet es die Mitte und Tiefe der Person: jenen tiefen Brunnen, in welchem Denken, Fühlen und Wollen ihren gemeinsamen Ursprung haben. Herz ist ein Wort, das eine Leuchtspur vor allem durch die Bibel zieht. Mehr als 370mal ist dort davon die Rede. „Zu dir redet mein Herz, nach dir sucht mein Gesicht, nach deinem Antlitz suche ich, o Herr", singt eine liturgische Antiphon in freier Übertragung eines Verses aus dem 27. Psalm. Hier redet Herz zu Herz, spricht der Mensch zu Gott.

Im frühen Christentum schrieb man das Symbol des Herzens oft auf Grabsteine und verband es mit dem Kreuz oder dem Christusmonogramm. Es war so ein Zeichen der Liebe Christi und der Liebe zum Verstorbenen, den man als einen Liebenden in Erinnerung hatte. Kardinal John Henry Newman, der große englische Theologe des 19. Jahrhunderts, hat drei Herzen in sein Wappen aufgenommen und als Wappenspruch das Wort „Cor ad cor loquitur" gewählt: „Das Herz spricht zum Herzen". Er meinte damit das Geheimnis der Menschwerdung Gottes, durch welche Gott sein „Herz" eröffnet hat und Menschen bewegen will, ihm aus reinem Herzen zu antworten. Eine Form dieser Antwort ist die Herz-Jesu-Verehrung, die schon in der Theologie der Kirchenväter grundgelegt, sich im Mittelalter weiterentwickelt und seit dem 17. Jahrhundert von Frankreich aus in der ganzen Weltkirche verbreitet hat als eine Quelle großer Liebe zu Gott und zu den Menschen.

Als das Herz des tot am Kreuz hängenden Christus von der Lanze eines römischen Soldaten durchbohrt wurde, flossen Blut und Wasser aus der Herzwunde. Die Kirchenväter sahen in diesem Wasser einen Hinweis auf die Taufe, und im Blut erkannten sie einen Hinweis auf die Eucharistie. Die beiden großen Sakramente der Kirche entströmen in dieser Schau dem geöffneten Herzen des Erlösers, und die Kirche selbst hat darin ihren Ursprung.

Herz kann Heimat sein, Heimat für Menschen und Wohnung für Gott. „Wenn einer mich liebt . . ., wird der Vater ihn lieben, und wir werden kommen und Wohnung bei ihm nehmen", sagt Jesus im Johannesevangelium (Joh 14,23). Das Herz kann aber auch zum Wohnsitz der Dämonen werden. „Nimm du mein Herz, ich kann es dir nicht schenken. Bewahre es für dich, ich kann es nicht für dich bewahren. Und rette mich vor mir selbst", sagt darum wieder Augustinus in einem anderen seiner Gebete. Und an wieder anderer Stelle bekennt er: „Zu eng ist das Haus meines Herzens, erweitere du es . . . baufällig ist es, stell du es wieder her." Das sind große Rufe nach Gnade aus der Brunnentiefe eines sehnsüchtigen, aber der Läuterung bedürftigen Herzens. Welcher Christ könnte sagen, daß er solcher Rufe nicht bedürfe?

―――

Heiliges Herz, göttliches Herz, allmächtiges Herz,
Purpurnes Geheimnis aller Dinge . . .
Du Herz, das uns alle an sein Herz nimmt,
Du Herz, das uns alle mitten ins Herz trifft,
Du Herz, das uns allen das stolze Herz bricht:
Wir bitten dich um deine Liebe!

(Gertrud von Le Fort, Hymnen an die Kirche)

Das Herz hat seine Gründe, die der Verstand nicht kennt.

(Blaise Pascal)

Das Herz Jesu hat eine Last getragen, die so schwer war, daß es daran zerbrechen mußte.

(Henri Boulad SJ, Vernunft des Herzens)

Der Ring

„Liebe ist ein Ring, ein Ring hat kein Ende", singt ein schlichtes Lied und erinnert daran, daß der endlose Kreis des Ringes Verheißung einer Treue und einer Liebe sein kann, die nicht eines Tages müde werden und sterben. Wenn heute Brautleute bei der kirchlichen Trauung einander den Ring an den Finger stecken, dann sagen sie: „Trag diesen Ring als Zeichen unserer Liebe und Treue." Ähnliches wird dem Bischof bei seiner Weihe gesagt: „Trag diesen Ring als Zeichen deiner Treue. Denn in unverbrüchlicher Treue sollst du die Braut Christi, die heilige Kirche, vor jedem Schaden bewahren." Auch in manchen weiblichen Ordensgemeinschaften ist es Brauch, bei der Ablegung der ewigen Gelübde einen Ring zu empfangen.

Fingerringe waren schon in der Antike in häufigem Gebrauch. In Griechenland war der Ring das Abzeichen des freien Mannes, und besonders der Siegelring war sehr geschätzt. Die Römer trugen, wie vorher schon die Etrusker, zunächst einfache Eisenringe, besonders als Brautringe. Goldene Ringe blieben vorerst Personen höheren Ranges, wie Senatoren, vorbehalten. Einen Ring am Finger tragen zu dürfen, war bei den Römern ein gesetzlich geschütztes Recht und eine Ehre. Der Staat verlieh dieses Recht als Belohnung für Kriegstaten. Später wurde der Ring, zumal als Siegelring, zum Erkennungszeichen eines Botschafters, zum Kennzeichen politischer Macht oder zum Zeichen der Verfügungsgewalt über Besitztum. Von solcher Art war der Ring, den der ägyptische Pharao an Joseph übergab (Gen 41,42), oder der Ring, den der Vater dem verloren gewähnten Sohn nach dessen Heimkehr an den Finger stecken ließ (Lk 15,22).

Man trug und trägt bei manchen Völkern den bedeutendsten Ring am Ringfinger der rechten Hand, bei anderen dagegen an der linken, deren Ringfinger Herzensfinger genannt wurde. Man glaubte, dieser Finger sei durch eine Ader mit dem Herzen in unmittelbarer Verbindung.

Dem von Gott besonders erwählten Statthalter von Juda, Serubbabel, wurde durch den Propheten Haggai ein Spruch Gottes mitgeteilt, der den

Ring zum Zeichen der Erwählung werden läßt: „An jenem Tag … nehme ich dich … und mache dich zu meinem Siegelring; denn ich habe dich erwählt … " (Hag 2,23).

Es gibt viele alte Volkslieder, die von verratener und vergessener Liebe singen, von einem verlorenen oder zerbrochenen Ring. Heute ist die Kultur der Treue als Festhalten am gegebenen Wort zu Ehe, Ordensstand oder Priestertum bedroht wie nur je. Dennoch werden auch heute Ringe getauscht und angesteckt. Sie sind Zeichen der Hoffnung gegen alle niederdrückenden Statistiken, die von Unfähigkeiten oder Unwilligkeiten zur Treue berichten.

———

Treuer Gott, du hast mit uns einen unauflöslichen Bund geschlossen. Wir danken dir, daß du uns beistehst. Segne diese Ringe und verbinde die beiden, die sie tragen, in Liebe und Treue. Darum bitten wir durch Christus, unseren Herrn. Amen.

(Gebet zur Segnung der Ringe bei der Trauungsliturgie)

Trag diesen Ring
als Zeichen unsrer Liebe und Treue:
Im Namen des Vaters und des Sohnes
und des Heiligen Geistes.

(Wort der Brautleute bei der Trauungsliturgie)

Du, Christus, bist es, der jeden Morgen den Ring des verlorenen Sohnes, den Ring des Festes, an meinen Finger steckt.

(Frère Roger Schutz, Taizé)

Das neue Kleid

„Kleider machen Leute", sagt ein Sprichwort und drückt so die Erfahrung aus, daß es Menschen bisweilen gelingt, durch die Pracht von Kleidung und Schmuck großartiger zu erscheinen, als sie sind. Das Kleid ist aber nicht immer eine Maske, hinter der sich jemand versteckt. Es ist normalerweise einfach eine zweite Haut, die man zum Schutz leiblicher und seelischer Integrität braucht. Der Zwang, sich öffentlich auszuziehen und sich so seiner Würde zu begeben, ist daher Ausdruck einer Krankheit der Gesellschaft. Auf seinem Kreuzweg wurde Jesus selbst Opfer dieses Zwanges. Die zehnte Kreuzwegstation mit dem Titel „Jesus wird seiner Kleider beraubt" hält dies in Erinnerung.

Das Kleid kann darüber hinaus legitimer Ausdruck der Schöpferkraft, der Phantasie eines Menschen sein: als Kleid, das er sich selbst fertigt, oder als Kleid, das er sich unter dem aussucht, was die Mode bereithält. Besonders junge Menschen beweisen das, indem sie sich farbenfroh und auch in anderer Hinsicht phantasievoll kleiden.

Schließlich gibt es das geschenkte Kleid. Im Christentum redet man von der Gnade Gottes oft im Symbol des Kleides. So schreibt der Apostel Paulus im Galaterbrief: „Ihr alle, die ihr auf Christus getauft seid, habt Christus als ein Gewand angezogen" (Gal 3,27). Und im Brief an die Kolosser sagt er: „Ihr seid von Gott geliebt, seid seine auserwählten Heiligen. Darum bekleidet euch mit aufrichtigem Erbarmen, mit Güte, Demut, Milde, Geduld!" (Kol 3,12.)

Ein neues Kleid anziehen, das bedeutet in der Bibel, ein neuer Mensch werden. Im alttestamentlichen Prophetenbuch Zacharias befiehlt der Engel Gottes den Dienern des Hohenpriesters, diesem seine schmutzigen Gewänder auszuziehen, und sagt zu ihm: „Hiermit nehme ich deine Schuld von dir und bekleide dich mit festlichen Gewändern" (Sach 3,4). Und im letzten Buch der Bibel, in der Offenbarung des Johannes, sieht der Seher die Heiligen in ihrer Vollendung bei Gott: „Sie standen vor dem Thron und

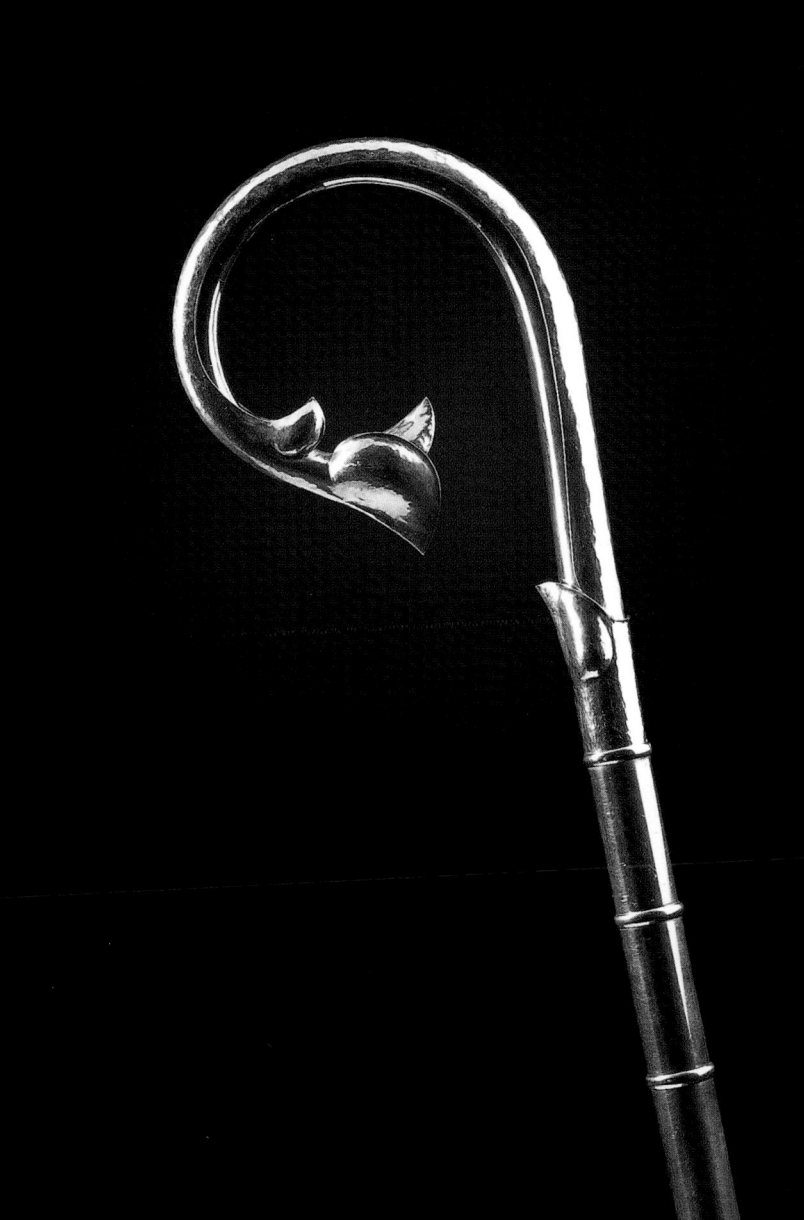

DER HIRTENSTAB

Dieser Bischofsstab aus Silber wurde 1981 in der
Goldschmiedewerkstatt der Benediktinerabtei Seckau
von Fr. Bernward Schmidt OSB gefertigt.
(Foto: Ferdinand Neumüller, Klagenfurt)

vor dem Lamm in weißen Gewändern und trugen Palmzweige in ihren Händen … Sie sind es, die aus der großen Drangsal kommen; sie haben ihre Gewänder gewaschen und im Blut des Lammes weiß gemacht" (Offb 7,9.14).

Das Kleid ist in der Kirche kein Zeichen der Eitelkeit, sondern Träger von Bedeutung. Dies gilt ebenso für das Kleid des Diakons, Priesters und Bischofs wie für das Gewand der Ordensleute. In der vom russischen Schriftsteller Nikolaj Gogol verfaßten Erklärung der ostkirchlichen Liturgie heißt es: „Diakon und Priester … legen die priesterlichen Gewänder an, um sich nicht nur von den anderen Menschen zu unterscheiden, sondern um sich auch zu trennen von sich selbst, um nichts gemein zu haben mit denen, die in den eitlen Sorgen der Welt aufgehen, und um gleichzeitig auch alle zu erinnern an die Erhabenheit des bevorstehenden Dienstes."

Taufkleid, Brautkleid, Meßkleid, Ordenskleid und Sterbekleid sind Ausdruck einer geschenkten und angenommenen Würde. Wenn diese Zeichen vergessen oder abgetan werden, dann wird es schwerer, die Höhe und Tiefe des Lebens zu begreifen und offenzuhalten.

———

Das alte Kleid hast du abgelegt, ein neues hast du empfangen; es strahlt so hell, daß es selbst den Sonnenschein übertrifft. Achte darauf, daß du das Gewand immer in der gleichen strahlenden Schönheit erhältst. Denn solange der böse Geist und Feind unseres Heiles dieses unser geistliches Kleid strahlen sieht, wagt er sich nicht einmal in unsere Nähe; so sehr fürchtet er sich vor dem Licht.

(Johannes Chrysostomus, Taufkatechesen)

Wer . . . infolge des Weihesakramentes diese Gewandung anlegen durfte, der mußte zuerst erkennen, wie sehr er selbst ein Sünder ist . . . Das liturgische Gewand schenkt ihm Abstand von seinen täglichen Kleidern, läßt ihn die Größe seiner Berufung erahnen, da es dem Gewand des Menschensohnes bei der Liturgie der Ewigkeit gleicht . . .

(Wilhelm Nyssen, Gewand und Gerät in der östlichen Liturgie)

Der Weg

Im vierten Evangelium, das den Namen des Apostels Johannes trägt, offenbart sich Jesus durch eine Reihe von Ursymbolen menschlicher Existenz. Er nennt sich das Licht der Welt (Joh 8,12), das Brot des Lebens (Joh 6,35), den wahren Weinstock (Joh 15,1) und er nennt sich in Zusammenfassung dreier Urworte den Weg, die Wahrheit und das Leben (Joh 14,6).

Der Weg ist ein Symbol für das Leben und auch für den Glauben. Beides entfaltet sich schrittweise. Die meisten der großen Gestalten der Bibel werden dargestellt als Menschen auf einem Weg. Die Erzväter Abraham, Isaak und Jakob sind Wanderer unter dem Stern einer Verheißung. Wanderschaft ist auch das Geschick des Volkes Israel auf dem Weg in das Gelobte Land, wie auf dem Weg in das Exil und wieder zurück in die Heimat.

Das Wirken Jesu wird im Neuen Testament ebenfalls als ein ständiges Unterwegssein in Galiläa und Judäa beschrieben, bis er draußen vor der Stadt Jerusalem einsam am Kreuz stirbt. Und als Auferstandener begleitet er zwei Jünger auf dem Weg nach Emmaus (Lk 24,13–35), ein Symbol dafür, daß er mit der Kirche auf ihrem Weg durch die Geschichte unterwegs ist, ihr beisteht durch die Kraft des Heiligen Geistes.

Wege führen oft zu einer Wegkreuzung. Der Wanderer muß sich dort für eine der sich eröffnenden Richtungen entscheiden wie der mythische Herakles am Scheideweg. Die Christen der ersten Generation wurden Anhänger des neuen Weges genannt (Apg 9,2), weil sie sich für Christus entschieden hatten.

Daß Leben und Glauben ein Weg sind, wird heute am ehesten bewußt, wenn man sich unter Verzicht auf ein Fahrzeug auf einen Weg begibt, am besten auf einen Feld- oder Waldweg ohne Asphaltdecke, auf einen Weg mit einer Kirche als Ziel.

Heute begegnet man oft der Behauptung „Der Weg ist das Ziel". Dieser Spruch wird auch als Reklame für eine Autotype verwendet. Er erinnert an eine Parodie Helmut Qualtingers über einen Jugendlichen, der als Statussymbol ein starkes Motorrad verwendet und sagt, er wisse zwar nicht, wohin er fahre, doch sei er umso schneller dort.

Für Christen ist das Ziel eines geglückten Weges nicht nur die Summe des unterwegs Geschehenen, sondern dessen gnadenhafte Überbietung. Wer die christliche Botschaft ernstnimmt, glaubt nicht an den Tod als definitives Ende und Ziel seines Lebens. Jesus hat sich nicht nur den Weg genannt, sondern auch das Ziel. Er ist Gott von Gott. Von ihm kommen wir, und zu ihm gehen wir. Ohne ihn gehen wir im Kreis.

——

Wohl dem Mann, der den Herrn fürchtet und ehrt und der auf seinen Wegen geht. (Ps 128,1)

In dieser Welt hat nichts Bestand . . ., also muß man entweder vorwärtsgehen oder zurückfallen. Unmöglich ist es, in dem Zustand zu verharren, den man erreicht hat. Wer nicht vorwärtsgehen will, geht zurück.
Christus selbst ist der Siegespreis für den Lauf; wenn du stehenbleibst, während er mit großen Schritten weitergeht, dann kommst du nicht nur dem Ziel nicht näher, sondern das Ziel selbst entfernt sich auch von dir. (Bernhard von Clairvaux)

Der Mensch ist der ewige Pilger, der stets unterwegs ist. Er kommt vom Morgenland seiner Jugend und wandert zum Abendland seines Alters hinein in die ewige Gegenwart Gottes.
(Kardinal Joachim Meisner, Spuren Gottes auf unseren Wegen)

Der Hirtenstab

Auf einem christlichen Grabstein in den römischen Domitillakatakomben aus dem 3. Jahrhundert findet sich ein ursprünglich heidnisches Bildsymbol, das von den Christen übernommen wurde, um Christus als den Guten Hirten darzustellen. Das Bild zeigt einen jungen Mann, der unter einem Baum sitzend in der rechten Hand eine Hirtenflöte und in der linken einen in eine Krümmung mündenden Stab hält. Zu Füßen des Hirten lagert ein Schaf. Der neue Katechismus der Katholischen Kirche trägt dieses Bild auf Umschlag und Titelseite und deutet es mit folgenden Sätzen: „Christus, der Gute Hirte, leitet und beschützt seine Gläubigen (Schaf) durch seine Autorität (Stab), er ruft die Gläubigen durch die Melodie der Wahrheit (Flöte) und läßt sie im Schatten des ‚Lebensbaums' ruhen: des rettenden Kreuzes, das das Paradies öffnet."

Ein Stab wird dem Bischof bei der Liturgie der Bischofsweihe nach dem eigentlichen Weiheakt überreicht mit den Worten: „Ich übergebe dir diesen Stab als Zeichen des Hirtenamtes. Trage Sorge für die ganze Herde Christi; denn der Heilige Geist hat dich zum Bischof bestellt, die Kirche Gottes zu leiten." Auch Äbte und Äbtissinnen empfangen bei ihrer Weihe einen solchen Stab. Im alten Orient war der Stab als Insignie eines Herolds oder als Zepter in Gebrauch. Mehrfach ist im Alten Testament von einem Stab die Rede. „... dein Stock und dein Stab geben mir Zuversicht", sagt der Beter des 23. Psalms zu Gott (Ps 23,4). Mose wirkt in Ägypten in Gottes Auftrag große Zeichen durch das Erheben seines Stabes (Ex 9,23.10,13 u. a.). Und der Stab seines Bruders Aaron grünt, blüht und trägt reife Mandeln als Zeichen der Erwählung durch Gott (Num 17,23).

Älter als der Bischofsstab ist der Mönchsstab, der an den Stab des Propheten Elias erinnern sollte und in ein Kreuz in Gestalt des griechischen Buchstabens Tau mündete. Daraus entwickelte sich der Stab der Äbte, der in dieser Gestalt im Orient noch immer in Gebrauch ist. Der Bischofsstab der westlichen Kirche endet in einer Krümme in Form einer Spirale. Diese

Krümme umschließt seit den Epochen der Romanik und Gotik oft Symbole und Szenen aus der biblischen Heilsgeschichte: den Kampf des Erzengels Michael mit dem satanischen Drachen, die Verkündigung des Erzengels Gabriel an Maria, das Fischernetz der Apostel, die eucharistischen Symbole Ähre und Traube und manches andere. In einigen solcher Stäbe thront Maria mit dem Christuskind, ein Bild des Schutzes für den Bischof, der diesen Stab trägt. Der Hirte muß selbst behütet sein, damit er andere hüten und leiten kann.

———

Dann sprach Gott zu Mose: Rede zu den Israeliten, und laß dir jeweils von einer Großfamilie einen Stab geben, und zwar von der Großfamilie des Stammesführers, im ganzen also zwölf Stäbe, und schreib ihre Namen darauf! . . . Dann leg die Stäbe in das Offenbarungszelt vor die Bundesurkunde, dort, wo ich euch begegne. Dann wird der Stab dessen, den ich erwähle, Blätter bekommen . . . Als Mose am nächsten Tag zum Zelt der Bundesurkunde kam, da war der Stab Aarons, der das Haus Levi vertrat, grün geworden; er trieb Zweige, blühte und trug Mandeln.

(Num 17,16 f. · 19 f. · 23)

Weide dein Volk mit deinem Stab, die Herde, die dein eigen ist, die einsam in der Wildnis weilt inmitten fruchtbaren Landes.

(Mich 7,14)

Die Prozession

Neben den langen Pilgerwegen der Wallfahrten gibt es die kürzeren Prozessionen, und das letzte Wegstück mancher Wallfahrten hat selbst oft die Gestalt einer Prozession. Menschen versammeln sich dabei an einem Ort, um gemeinsam zu einem anderen Ort als Ziel zu gehen: nicht eilig und auch nicht schleppend, sondern in gelassenem Schreiten. Feierliche Umzüge gab es schon in der Kultur und im Kult der Antike. Vor dem Toleranzedikt des Kaisers Konstantin waren Prozessionen den Christen nur in Gestalt von Leichenbegängnissen möglich. In Jerusalem wurde es bald Brauch, am Palmsonntag den Einzug Jesu in die Stadt vor seinem Leiden feierlich nachzuvollziehen. Daraus entwickelte sich die heute allgemein verbreitete Palmprozession. Heidnischen Ursprungs sind dagegen die Bittprozessionen als Flurumgänge mit Gebet und Bußübungen als Bitte um göttlichen Segen für die Erde. Eine dritte Wurzel für die christliche Prozession war der Brauch, die Leiber von Martyrern von den Friedhöfen feierlich in Stadtkirchen zu übertragen und jährlich durch eine Prozession dieser Übertragung zu gedenken.

Zur „Prozession aller katholischen Prozessionen" wurde schließlich der Umgang mit dem sakramentalen Leib Christi in Brotgestalt am Fronleichnamsfest. Alle älteren Prozessionsüberlieferungen wurden in diese Prozession integriert unter Einbeziehung von Gesängen, Fahnen, litaneiartigen Gebeten und Segenshandlungen. Ein Kreuz wird vorangetragen: Jesus geht voraus auf dem Weg der Kirche. In seiner Auferstehung ist er schon ans Ziel vorausgegangen, und zugleich geht er immer noch mit auf dem Weg. Er ist Weg, Wegzehrung und Ziel.

Besonders eindrucksvoll gestalten sich auch die abendlichen Lichterprozessionen an großen Marienwallfahrtsorten wie Lourdes und Einsiedeln.

Das Gestaltungselement der Prozession wurde schon früh auch in die Sonntagsliturgie aufgenommen: als Einzug des Klerus oder auch der ganzen Gemeinde in die Kirche am Beginn, als Segensgang durch die Kirche oder als Prozession beim Heranbringen der Gaben zum Altar.

Prozessionen in Gestalt des Kleinen Einzugs mit dem Evangelienbuch und des Großen Einzugs mit den Opfergaben Brot und Wein durch die mittlere, die königliche Pforte der den Altar verhüllenden Ikonostasen-Wand in den Altarraum sind auch in die „Göttliche Liturgie", die Eucharistiefeier der Ostkirche, eingefügt.

„Geh mit uns auf unserem Weg", singt ein neues Christuslied, das 1983 für eine abendliche Begegnung Zehntausender Jugendlicher mit dem Papst im Wiener Stadion geschaffen wurde. Die Kirche hat immer so gebetet und gesungen. Ihre Prozessionen sind eine Verleiblichung dieser Bitte.

———

In Bilbao hatten wir jedes Jahr die Prozession des Heiligsten Herzens, eine sehr feierliche, althergebrachte Prozession. Vom Alter von drei Jahren an begleitete ich meinen Vater dabei, und viele Jahre hindurch sah man in der Prozession, Seite an Seite, den großen Marcellino Arrupe mit einer großen Kerze in der Hand und den kleinen Pedro Arrupe, der, glücklich dabeizusein, mit Stolz seine kleine Kerze trug.

(Pedro Arrupe SJ, Mein Weg und mein Glaube)

Und kein Mensch dachte daran, daß den Geistlichen in Schottland durch das Gesetz untersagt war, in ihrem Ornat an öffentlichen Prozessionen teilzunehmen; so zog denn die Poesie der Kirche Christi durch die Straßen und warf über das Durcheinander der Stadt einen flüchtigen Abglanz von Sinn.

(Bruce Marshall, Alle Herrlichkeit ist innerlich)

Die Wallfahrt

„Manchmal steht einer auf beim Abendbrot und geht hinaus und geht und geht und geht – weil eine Kirche wo im Osten steht", sagt Rilke in einem von Rußland erzählenden Gedicht im zweiten Teil seines Stundenbuchs, das von der Pilgerschaft handelt. Kirchen im Osten, im Heiligen Land Palästina nämlich, waren wohl die ersten Ziele von Wallfahrten der Christenheit. Die Orte, an denen Jesus gemäß alten Überlieferungen geboren worden war, wo er gepredigt und Wunder gewirkt hatte, und die Orte seines Leidens, Sterbens und Auferstehens wurden schon bald nach der Anerkennung des Christentums durch den römischen Staat von zahlreichen Pilgern besucht, und so ist es bis heute geblieben. Die mittelalterlichen Kreuzzüge waren kriegerische Unternehmungen, um die Wallfahrt ins Heilige Land auch in Zukunft zu garantieren, und hatten trotz aller Kompromittierung des Evangeliums, die damit verbunden war, auch selbst ein Element von Pilgerschaft, von Wallfahrt an sich. Von den großen Kirchen in Jerusalem und Betlehem, die in altchristlicher Zeit im Auftrag des Kaisers Konstantin oder seiner Mutter Helena errichtet worden sind, haben sich zwei in ihrer Substanz bis heute erhalten. Am Boden der Krypta, unterhalb der Geburtskirche in Betlehem, verkündet eine kreisförmige lateinische Inschrift, die einen silbernen Stern umgibt, daß hier Jesus Christus von der Jungfrau Maria geboren worden ist.

Später wurde auch Rom als Stätte des Wirkens und des Martyriums der Apostel Petrus und Paulus Ziel unzähliger Pilger. Seit 1300 waren besonders die im Abstand von 50 oder 25 Jahren proklamierten Heiligen Jahre jeweils Anlaß zur Belebung des Prinzips Wallfahrt in der Katholischen Kirche, und für das Jahr 2000, das wiederum ein Heiliges Jahr sein wird, ist ein wahrer Strom von Rompilgern zu erwarten.

Ein drittes europäisches Zentrum der Pilgerschaft ist seit dem Mittelalter die nordspanische Stadt Santiago de Compostela mit den dort verehrten Reliquien des Apostels Jakobus des Älteren. Schließlich sind auch herausragende Orte der Verehrung der Mutter Christi Wallfahrtsziele für

Millionen von Pilgern geworden. So Loreto in Italien, Tschenstochau in Polen, Lourdes in Frankreich und Fatima in Portugal.

Aufstehen und für eine Zeitlang weggehen aus seinem Haus, aus seinem Alltag hin zu einem heiligen Ort, das ist die Wallfahrt. Das Wort Wallfahrt bedeutet ursprünglich nicht ein Unterwegssein mit Fahrzeugen, sondern einen beschwerlichen Fußmarsch. Damit verbanden sich auch manche Mißbräuche. Kriminelle gaben sich als Pilger aus oder fügten Pilgern Schaden zu. Solche Unsitten führten dazu, daß in der wichtigsten geistlichen Schrift des Spätmittelalters, dem Buch „Die Nachfolge Christi", der Satz zu lesen steht: „Die viel wallfahrten, werden selten heilig."

In den letzten Jahren haben viele junge Menschen das Wallfahren wieder entdeckt, auch das Wandern zu Fuß. Wallfahrt wird wieder zum „Wallgang". Die vom Papst angeregten Weltjugendtreffen und die von der evangelischen Mönchsgemeinde Taizé veranstalteten Jugendbegegnungen sind Wallfahrten großen Stils. Sie helfen Menschen – glaubenden wie suchenden – besser zu begreifen, daß der Mensch sein Zentrum nicht in sich selbst hat, daß er auf Transzendenz verwiesen ist. Der Pilgerweg, der mit jeder echten Wallfahrt verbunden ist, hat ein Element der Mühe in sich und wird so zum Gleichnis für die Mühe des religiösen Lebens als Suchen nach dem richtigen Weg, als Fragen nach dem Sinn, als Suchen nach Gott. Dieses Gehen bringt aber auch viel Freude mit sich. Auf dem Weg begegnet der Pilger Menschen, er trifft auf heilige Zeichen, er erfährt die Natur neu als Geschenk Gottes.

Der Wallfahrer ist unterwegs zu einem Ort, wo Gott vor Zeiten besonders deutlich gesprochen hat. An einem solchen Ort ist, bildlich gesprochen, der Himmel offen. Hier öffnen sich Grenzen leichter und öfter als anderswo. Beschränkungen des Leibes und der Seele fallen ab, Wunder ereignen sich. „Ich habe wunderbare Hilf' erlangt", liest der Pilger auf vielen alten Votivtafeln in Wallfahrtskirchen. Dieser rührende Ausdruck der Dankbarkeit bewegt ihn, sich selbst Gott radikal anzuvertrauen. Er bittet auch die Heiligen, denen diese heilige Stätte besonders anvertraut ist, um ihre Fürsprache, vor allem die Mutter Christi, die in der Lauretanischen Litanei seit alters Hilfe der Christen und Trösterin der Betrübten genannt wird. Viele Bitten bleiben in ihrer Konkretheit unerhört. Aber das Grundanliegen, daß der Mensch sich mit Gott und darum mit sich selbst und der Welt versöhne, wird auf dem Weg der Wallfahrt und an ihrem Ziel deutlicher. Das Beten darum erfüllt sich dann auch.

Das Leben ist ein Weg. Biologisch betrachtet ist dieses Leben scheinbar ein Gehen im Kreis. In der Schau des christlichen Glaubens aber ist es ein Weg ins Offene, ins Daheim, das nicht hinter, sondern vor uns liegt. Wallfahrt ist eine Hilfe zur Einübung in diese Erkenntnis.

——

Ich freute mich, als man mir sagte: „Zum Haus des Herrn wollen wir pilgern."
                                                                    (Ps 122,1)

. . . Was er aber sofort nach seiner Genesung zu unternehmen plante, war bloß die Wallfahrt nach Jerusalem . . . mit so viel Bußübungen und Entsagungen, wie nur eine großmütige Seele, die von Gott entflammt ist, auf sich zu nehmen wünschen kann.
                                    (Ignatius von Loyola, Der Bericht des Pilgers)

Wallfahrtsorte sind in der Geographie der Heilsgeschichte Schnittpunkte, in denen sich die Wege Gottes mit den Wegen der Menschen, die Wege der Gnade und die Wege des Glaubens treffen . . .
                                    (A. Läpple, Kleines Lexikon des christlichen Brauchtums)

Die Pilgerfahrt hat zur Voraussetzung, daß das Heilige nicht überall gegenwärtig, sondern lokalisiert ist. Der Glaube an Gottes Allgegenwart macht die Wallfahrt problematisch, erst recht der Glaube an die Einwohnung Gottes im Menschen. Aber auch der Allgegenwärtige steht nicht zu jedem Ort in der gleichen Beziehung, und es hat ihm gefallen, bestimmte Stätten seiner Epiphanie zu erwählen.
                                    (Alfons Kirchgässner, Die mächtigen Zeichen)

Der Segen

„Ich lasse dich nicht los, wenn du mich nicht segnest", sagt der Erzvater Jakob zu Gott im seltsamen Bericht der Genesis über ein nächtliches Ringen Jakobs mit einem Mann, in dem er die Anwesenheit Gottes ahnt (Gen 32,27). In diesem Ringen Jakobs um den Segen Gottes kommt auf ergreifende Weise die Sehnsucht Israels nach einem Berührt- und Angenommenwerden durch Gott zum Ausdruck.

„Benedicere", das lateinische Wort für segnen, bedeutet Gutes sagen. Gemeint ist ein Sagen, das auch bewirkt, was es ausdrückt: ein mächtiges Wort. Von der Macht des Wortes Gottes redet der Schöpfungsbericht: „Gott sprach: Es werde Licht. Und es wurde Licht" (Gen 1,3). Von derselben Macht Gottes geben die Heilswunder Jesu Zeugnis. „Ich will, sei rein" (Mt 8,3), sagt Jesus zum Aussätzigen; und es geschieht, was er gesagt hat.

Die Kirche kann solche mächtigen Worte nicht als ihre eigenen sprechen, sondern nur in Stellvertretung für Gott. Wenn der Priester bei der Heiligen Messe die Worte Jesu: „Das ist mein Leib" spricht, dann bewirken sie, was sie sagen. Das Brot wird zum sakramentalen Leib Christi, weil dies von Jesus zugesichert ist. Wo die Kirche aber Worte des Segens spricht, sind dies Bitten an Gott. Dahinter steht kein Verfügenwollen über ihn, aber ein begründetes Vertrauen auf jenen Gott, der Israel segnend durch die Geschichte begleitet und die Kirche in Jesus Christus mit der Fülle allen Segens beschenkt hat.

Der Mensch ist des „Benedicere", des Gutes-Sagens, des Gesegnetwerdens bedürftig. Er nimmt es von anderen Menschen, die ihm Gutes wünschen, dankbar an. Der religiöse Mensch ist gewiß, daß mit jedem Segnen durch Menschen Gott als Quelle allen Segens angesprochen wird.

Die Kirche behält das Segnen nicht den sakramental geweihten Christen vor. Alle Christen können und sollen einander segnen: die Eltern ihre Kinder und die Kinder ihre Eltern, ebenso Ehegatten und Freunde. Der

Segen derer, die in der Kirche das apostolische Prinzip verkörpern, wird aber in besonderer Vollmacht Christi gegeben: Segen des Bischofs, des Priesters und des Diakons. Die Worte dieses Segens werden zumeist von Zeichen wie Kreuzzeichen, Handauflegung, Weihwasser und Weihrauch begleitet. Ein ganzes Buch mit Gebeten und Riten ist im Laufe von Jahrhunderten in der Kirche entstanden, um Menschen und Dinge zu segnen. Dahinter steht allemal die Bitte, Gott möge seine Hand auf das Gesegnete und Geweihte legen und mit der Kraft seiner gütigen Gegenwart erfüllen. Mit einem Segen und einer Sendung endet auch die Feier der Eucharistie: Der Segen wird hier verstanden als Kraft für den Alltag, dem der Christ Spuren der Gegenwart Gottes einprägen kann.

———

Der Herr segne dich und behüte dich.
Der Herr lasse sein Angesicht über dich leuchten und sei dir gnädig.
Der Herr wende sein Angesicht dir zu und schenke dir Heil.
(Num 6,24–26; Segen des Mose über Aaron und seine Söhne)

Aufgrund des Glaubens segnete Isaak Jakob und Esau im Hinblick auf das Kommende. Aufgrund des Glaubens segnete Jakob sterbend jeden der Söhne Josefs . . .
(Hebr 11,20 f.)

Segnet eure Verfolger; segnet sie, verflucht sie nicht!
(Röm 12,14)